TE ESCUCHO

El sorprendente y sencillo talento para
obtener relaciones personales extraordinarias

MICHAEL S. SORENSEN

Nota del editor

Esta publicación está diseñada para ofrecer información esclarecedora relacionada con el tema que trata. Se vende bajo el entendimiento de que ni el editor ni el autor se comprometen a ofrecer servicios psicológicos, médicos ni profesionales de cualquier tipo. Si necesita algún tipo de asesoría o ayuda profesional, debe obtener dichos servicios por separado poniéndose en contacto con un profesional competente.

Aunque muchas de las experiencias relacionadas con este libro son verdaderas, se cambiaron los nombres y detalles que identifican a las personas para proteger su privacidad.

***

Copyright © 2017 Michael S. Sorensen

Todos los derechos reservados. Ninguna parte de esta publicación puede ser reproducida, distribuida ni transmitida utilizando medios de fotocopiado, grabación ni tampoco métodos electrónicos o mecánicos, sin la autorización previa y por escrito del editor, excepto en casos de breves citas incorporadas en revisiones críticas y algunos otros usos no comerciales autorizados por la ley de los derechos de autor. Para solicitar autorización, póngase en contacto con el editor por medio de la dirección de correo electrónico que se proporciona a continuación.

Autumn Creek Press

inquiries@autumncreekpress.com

ISBN-13: 978-0-9991040-8-8

Primera edición

CONTENIDO

Reconocimientos iii
Introducción 5

Parte I: El poder de la validación

Capítulo 1: Por qué esto vale la pena 17
Capítulo 2: Validación 101 27
Capítulo 3: Conceptos erróneos comunes 47
Capítulo 4: Todo empieza con la empatía 59

Parte II: Método de validación de cuatro pasos

Paso 1: Escuchar enfáticamente 75
Paso 2: Validar la emoción 87
Paso 3: Ofrecer consejo o motivación 101
Paso 4: Validar de nuevo 115

Parte III: Armando el concepto

Situaciones del mundo real 123
Conceptos finales 145

Epílogo 153
Bibliografía 157

RECONOCIMIENTOS

Este libro y mi comprensión de los conceptos que expone no habría podido realizarse sin la sabiduría y los consejos de mi mentora personal y amiga Jodi Hildebrandt. Le debo gran parte de mi entendimiento sobre las relaciones saludables y comunicaciones efectivas a ella y a los años que ha dedicado en guiarme, enseñarme y ser mi mentora.

También les debo mucho a mis padres, quienes me mostraron con su ejemplo la importancia de la honestidad, la generosidad y la compasión en mis interacciones diarias. No estaría en la posición en la que ahora me encuentro sin su paciencia, apoyo, guía e inspiración.

INTRODUCCIÓN

"Recuerda que toda persona que conozcas le tiene temor a algo, ama algo y ha perdido algo".

H. Jackson Brown, Jr.

—¿Eres de por aquí?
—Crecí en California pero he vivido aquí durante los últimos quince años. ¿Y tú?
Acababa de conocer a esta mujer y en nuestra primera cita íbamos de camino a una tienda de helados de yogur. Su día de trabajo había sido largo y pensé que nuestra cita debería ser corta y casual, que no durase más de media hora, conocerla un poco mejor y luego invitarla a salir durante el fin de semana si todo salía bien.
Empezamos nuestra pequeña charla, pero inmediatamente me di cuenta de que ella no deseaba estar ahí. Parecía más bien desinteresada, sentí que estaba cerrada. Estaba encorvada en su silla, daba respuestas cortas, casi inaudibles y miraba a su alrededor como si buscara un reloj o alguna excusa para irse.

INTRODUCCIÓN

Cuando la conocí la semana anterior, había sido amistosa, abierta e increíblemente alegre. La mujer que estaba sentada frente a mí ahora era todo lo contrario. No parecía importarle lo que le decía ni lo que le preguntaba, obviamente mostraba que no tenía ganas de hablar.

Seguí tratando de mantener el flujo de la conversación durante unos diez minutos más antes de darme por vencido. Entramos al auto e iniciamos el regreso. Mientras conducía, le pregunté sobre su familia. Estuvo callada por un momento y luego me indicó que ese era un tema sensible. "Ah", pensé, "eso podría explicar las cosas". Esperaba que no hiciera más comentarios, pero sorprendentemente empezó a abrirse.

—Mis padres están en un proceso de divorcio —dijo.

—Oh... —, respondí, sintiendo repentinamente una gran compasión por ella—, lo siento *mucho*.

—Está bien —dijo en voz baja, intentando poner en su rostro una expresión de dureza—. Estoy bien.

—Ah... ¿No? Vivir el proceso de divorcio de tus padres no es estar bien —dije—. Eso debe ser *increíblemente* difícil.

—Sí, realmente es horrible —confirmó rápidamente, mostrándose sincera.

—Y encima de todo, acabo de descubrir que mi papá se casa con otra mujer y ni siquiera me ha invitado a la boda. ¡Se acaban de separar hace solo un mes! —dijo.

—¿Lo dices en serio?

—Sí. Es horrible. Envía dinero ocasionalmente, pero esto se siente como una cachetada, como si pensara que el dinero lo arregla todo. Como si pensara que simplemente puede continuar con su vida y dejarnos a mí y a mi madre abandonadas. Y de repente me entero que encima de todo se casa en Hawái, ¿y ni siquiera ha invitado a sus hijos?!

—Guau... —, dije, sintiendo una mezcla de sorpresa, ira y tristeza.

Seguí escuchándola mientras hablaba durante varios minutos, desahogándose y abriéndose sorpresivamente conmigo de una manera honesta. Después de una breve pausa, empecé a hablar.

—Ah, Raquel, lo siento mucho. Honestamente, no puedo saber con exactitud cómo te sientes, porqueen realidad, no lo sé. No he tenido que lidiar con un divorcio. Aunque me puedo imaginar lo doloroso que puede ser.

No ofreció un reconocimiento expreso a este comentario, pero aparentaba sentirse mucho más cómoda y siguió hablando.

—¿Y sabes qué es lo peor? Es cuando tu mejor amiga te dice que tienes que "sonreír porque eso te hará sentir mejor".

Sacudí mi cabeza para mostrar desacuerdo. —Como si eso ayudara —dije con empatía y sarcasmo.

—¡En serio! —continuó—. ¡Y hay otras personas que dicen cosas similares! "Podría ser peor" o "eventualmente pasará". No soy estúpida. Sé que eventualmente pasará. Pero esto no es lo que necesito escuchar en este momento.

—Es muy frustrante —dije—. Es lo último que deseas escuchar cuando te está sucediendo algo como esto.

—Sí... —suspiró—.

Durante la siguiente hora, nos sentamos bajo la tenue luz de mi automóvil, mientras Raquel me abría su corazón por completo. Además del divorcio, había sufrido un accidente de automóvil hace solo unas semanas (saliendo notablemente ilesa), y a su hermana menor le habían diagnosticado cáncer. El divorcio, un accidente importante y una hermana con cáncer, todo en un mes. Además, sentí que esta era la primera vez que realmente hablaba de estos temas con alguien.

INTRODUCCIÓN

Mientras hablábamos, hice lo posible para mostrarle la manera en que reconocía cómo se sentía. No solamente escuchaba sus historias y lamentaba su situación, sino que también me estaba conectando con su experiencia. Vi su dolor, pero no iba a intentar repararlo, darle consejos ni decirle que siguiera adelante con su vida. En aquel momento, lo único que pude hacer fue ayudarle a reconocer que estaba bien sentir dolor, ira y confusión. Todo esto era comprensible. Tenía derecho a *sentirlo* y también lo necesitaba.

A medida que llegaba la hora de despedirnos, hizo una pausa por un momento. —Gracias —dijo—. Siento haberte dicho todo esto. En realidad, creo que no me he sentido con ganas de hablar con alguien. Esta es la primera vez en mucho tiempo que en verdad he sentido algo de alivio.

Le agradecí que fuera tan abierta conmigo y la acompañé a su apartamento. Cuando regresé a mi auto, estuve ahí sentado por unos minutos, pensando en todo lo que había sucedido. Lo que empezó como una cita extraña, sin flujo, de treinta minutos, se convirtió en una increíble y poderosa experiencia de conexión. No solamente esta nueva persona se sintió segura con sus confidencias hacia mí, sino que empecé a sentir una verdadera sensación de amor, preocupación y compasión hacia ella. Todo en una hora. Obviamente, no me estoy refiriendo aquí al amor romántico, sino más bien a la sensación de cuidar y preocuparse por una persona a un nivel más profundo. Más tarde, esa noche, escribí lo siguiente en mi diario:

"Fue realmente increíble ver la manera en que abrió su corazón, en cómo se sintió segura y en que, al menos eso pienso, sintió mi amor hacia ella porque supe cómo *validarla*. Pude darme cuenta de que eso fue como un aliento de aire fresco. Ella finalmente pudo respirar. Se sintió *escuchada* y *comprendida*".

MI MOMENTO DE CAER EN CUENTA

Esta experiencia se convirtió en un hito para mí. Pude ver más claramente que nunca lo poderosa que puede ser la validación y me sentí muy emocionado.

Aprendí sobre la validación por primera vez (que es básicamente el acto de ayudar a una persona a sentirse escuchada y comprendida) de mi terapeuta y mentora personal. Me reunía con ella dos veces por semana, tanto en reuniones personales como de grupo, durante varios años, y trabajábamos en temas que variaban desde el drama en el trabajo, problemas de relaciones, hasta los factores estresantes del día a día. Su método de asesoría y mentoría se enfocaba en entrenar a las personas para que vivieran vidas honestas, poderosas y *conectadas*. (Nota al margen: Ahora pienso que todo el mundo debería tener un buen terapeuta. En serio. Te cambia la vida). Rápidamente me encontré indagando a profundidad en principios y prácticas que iban en contra de la manera en que la mayor parte del mundo vive su vida, y mientras más las practicaba, más me sentía confiado y conectado. La validación, como puedes haber adivinado, es una de estas prácticas.

Para cuando empecé a salir con Raquel, ya me sentía bastante familiarizado con la validación. Ya sabía cómo reconocer cuando era solicitada y tenía la experiencia en ofrecerla. Sin embargo, lo que no sabía era la verdadera *falta* que le hacía a las personas. Ver la manera en que mágicamente se derritieron en Raquel los muros de la ira, la frustración y el dolor fue una experiencia reveladora, por decirlo así.

INTRODUCCIÓN

Durante los meses siguientes, tuve experiencias similares con familiares, amigos y colegas. Los temas de conversación variaban de citas y matrimonios a importantes decisiones de negocios, y me encontré navegando a través de muchos de estos intercambios con claridad y conexión.

Mientras continuaba practicando este nuevo talento, cada vez se notaban más y más los beneficios. Las personas empezaban a decir cosas como: "Es muy fácil hablar contigo" y "Eres muy bueno para escuchar a las demás personas". Después de observar varias de mis interacciones con otras personas, uno de mis mentores me dijo: Realmente tienes la facilidad de hacer sentir cómodos a los demás. —Mis colegas me decían que apreciaban lo accesible que era como gerente y les impresionaba la manera en que manejaba los conflictos interpersonales e interdepartamentales.

Comparto estos comentarios no con el motivo de enaltecer mi ego, sino más bien para ilustrar el hecho de que: 1) el talento de la validación tiene efectos notables y de largo alcance, y 2) es un talento que todos podemos aprender. Lo que estas personas vieron en mí fue algo aprendido, y no algo que supiera hacer de manera instintiva. Al darme cuenta de que me había topado con algo bastante valioso, empecé a buscar maneras de compartirlo con los demás. Saber cómo validar mejoraba prácticamente todas las áreas de mi vida: mis amistades, mis conversaciones con colegas y con mi jefe, mis citas amorosas, mis relaciones familiares y hasta mis interacciones con desconocidos. Sentí que tenía que divulgarlo.

Aunque había encontrado varios artículos cortos en línea que hablaban sobre la validación, realmente no pude encontrar nada que lo enseñara al nivel y en la manera en que sentí que era la más práctica. Existen libros que tratan desde cómo maldecir con efectividad hasta cómo hacer arte con pelos de gato (no es un chiste), y sin embargo, hay muy poco sobre la versatilidad y el poder de la validación. De modo que, en vez de recomendar cuatro años de terapia a las personas, me encontré con la dificultad de cómo iba a compartir esta información.

Unos seis meses después de mi cita con Raquel, recibí una llamada de mi hermano. Estaba pasando por una época difícil y buscaba a alguien que lo aconsejara. Me informó sobre la situación y luego hizo una pausa. Mi primer impulso fue el de encontrar una solución de inmediato, pero mientras pensaba en mis experiencias más recientes con la validación, sentí que podía existir un mejor método. Coloqué a un lado mis consejos y simplemente le dije: —Hombre, lo siento. Eso tiene que ser *sumamente* frustrante. Recuerdo haber tenido que lidiar con algo similar justo el mes pasado, y es cierto. . . es muy duro.

Ciertamente, este simple comentario ayudó a mi hermano a liberar una buena cantidad de frustración. Cuando hablamos en la siguiente ocasión, ya se podía escuchar en su voz una sensación de alivio. Compartió conmigo sus pensamientos sobre la situación y la manera en que deseaba manejarla. Para mi sorpresa, ya estaba considerando la misma solución que yo mismo planeaba ofrecerle. Parecía que, aunque me llamó a pedirme consejo, lo único que estaba tratando de conseguir era validación. Hablamos durante unos minutos más y luego cerramos el tema. Me dijo que se sentía mucho mejor y me agradeció el tiempo de nuestra conversación. Cuando colgué el teléfono, permanecí ahí sentado y empecé a reflexionar.

"Todo este tema de la validación realmente es increíble", pensé.

Luego me llegó la idea que *nunca* esperaba.

"¿Y qué tal si escribo un libro sobre este tema?".

INTRODUCCIÓN

"*Chistoso*", mi conciencia crítica me respondió: "¿Quién te crees tú como para escribir un libro?".

Sin embargo, esta idea persistió. Tan extraño como suena, casi me sentí *obligado* a escribir algo, como si se lo debiera a alguien. Me sentí egoísta por no compartir con los demás los principios que tan claramente estaban trayendo beneficios a mi vida.

"No soy autor, investigador, ni tampoco terapeuta", pensé. "¿Por qué se molestarían las personas en escuchar lo que tengo que decir?".

¿Honestamente? Quizás no. Sin embargo, pasaron días y semanas y parecía que cada experiencia, cada conversación y cada momento de reflexión en silencio me indicaban que debía escribir este libro. Tenía que escribirlo. Tenía por lo menos que *intentar* divulgarlo. Aunque solamente una persona se beneficie de este intento, habrá valido la pena. Finalmente, una mañana soleada de un sábado, abrí mi computadora y empecé a escribir.

LO QUE DEBES ESPERAR DE ESTE LIBRO.

Bueno, no, no soy psicólogo. No he asesorado a celebridades ni a grandes directores ejecutivos, y mi nombre tampoco contiene siglas profesionales. Honestamente, dudo ser tan siquiera un poco diferente a ti en cuestiones de intelecto, talento o capacidad. Lo que sí tengo para compartir, es el conocimiento y la comprensión que he recopilado a lo largo de más de cuatro años de terapia y mentoría, y una ridícula cantidad de pruebas y errores. He recopilado consideraciones y mejores prácticas de más de una docena de libros relacionados, he destilado principios claves de más de 500 horas de conversaciones con profesionales licenciados y he practicado, ajustado y comprobado estos métodos miles de veces. Vas a tener que confiar en mí hasta que verdaderamente te interese el tema, pero te aseguro que esta información es muy buena.

Y sin duda te habrás dado cuenta de que este libro es bastante corto. Sentí la tentación de agregar (léase: innecesariamente) capítulos, historias y más cosas de relleno con la idea de alargar este libro, porque uno más grande se ve más impresionante en el estante, ¿cierto? Sin embargo, hay pocas cosas que me molestan más que leer un libro que necesita 300 páginas para explicar algo que se puede cubrir en cincuenta. Este no será uno de esos libros.

Por el contrario, iré directo al grano para que puedas empezar tus pruebas. Porque la realidad es que la única manera de saber lo poderosos que son estos principios, en la forma en que lo explico en este libro, simplemente es intentándolo. Practícalos. Aplícalos. Incluí historias e investigaciones en lugares donde sentí que agregaban valor y las omití en donde sentí que no aportaban gran cosa. Mi meta es que esta sea una lectura rápida, que puedas leer durante un fin de semana y consultarla de nuevo, según lo veas necesario.

Antes de entrar en materia, quiero que sepas que esos principios no solucionarán de inmediato todos los problemas de tus relaciones, no curarán todas las enfermedades ni tampoco te harán más bello frente al espejo. Sin embargo, *mejorarán* tus relaciones, aumentarán la posibilidad de que los demás escuchen tus consejos, mejorará tu capacidad de apoyar a los demás durante momentos difíciles y te ayudarán a salir adelante con mayor facilidad cuando te enfrentes a situaciones cargadas de emociones. Los he visto hacer magia en mi propia vida y en las vidas de muchas personas más. Una y otra vez, estos principios se prueban por sí mismos. Si los tomas en serio, no te decepcionarás.

PARTE I:

EL PODER DE LA VALIDACIÓN

CAPÍTULO 1
POR QUÉ ESTO VALE LA PENA

"Ser escuchado y entendido es uno de los mayores deseos del corazón humano. Y aquellos que aprenden a escuchar serán los más amados y respetados".

Richard Carlson

La mayoría de las personas leerán la cita anterior y dirán: "Claro que sí, a las personas les gusta que las escuchen, eso no es ninguna sorpresa. Si soy buen entendedor, las personas me amarán y me respetarán más". Aunque esto puede ser cierto, aquí no termina el asunto. Toma en cuenta la segunda parte (y diría que es la más importante) de esa primera frase: "Ser oído *y escuchado* es uno de los mayores deseos del corazón humano". Esta distinción sugiere que existe una diferencia entre *ser oído* y *ser escuchado*, y que nosotros, como humanos, deseamos ambos.

¿Alguna vez has hablado con alguien que claramente oyó las palabras que dijiste, pero no parece haberlas entendido? ¿O quizás la persona entendió el tema, pero se mantuvo obviamente desconectada de la emoción o gravedad de la situación? Esta persona escuchó, pero realmente no *entendió*.

Bien, sé que el oído es técnicamente uno de nuestros sentidos (por ejemplo, nuestros oídos nos permiten oír sonidos), pero a nivel coloquial, a menudo usamos la frase "te entiendo" o "sé lo que quieres decir". Es esta forma de escuchar, que representa un verdadero entendimiento y conexión, lo que en verdad deseamos.

Entonces de ahí proviene la pregunta: ¿cómo le muestras a alguien que realmente lo estás escuchando? He aquí donde el asunto se pone interesante. El verdadero buen oyente en este mundo hace más que solo escuchar. Escucha, trata de entender, y luego, *valida*. Este tercer punto es el verdadero secreto: el ingrediente mágico.

NO SOLO ESCUCHES, *DI* ALGO

Hace un tiempo salí con una mujer que era excelente escucha, pero terrible para *validar*. Mientras le relataba una experiencia emocionante o difícil, a menudo se sentaba con una mirada sin emoción en su rostro y, cuando terminaba de hablar, me miraba como si estuviera diciendo: "¿Hay algo más?".

Llegué a mi exasperación una noche después de haber compartido algo que realmente me emocionaba. Cuando terminé la historia (y me calmé un poco, ya que me llego a emocionar mucho con mis historias), la observé y vi que tenía una expresión bastante neutra en su rostro. —¡Muy bien! —dijo.

Y eso fue todo.

Pausé por un momento más, esperando que ella dijera algo como: "¡Eso es muy emocionante!" o "¿Y luego qué hiciste?", o *algo* que me mostrara que realmente le importaba lo que yo le acababa de compartir. Estuve hablando por varios minutos, y una respuesta de una sola palabra no era algo que podía aceptar.

Nada.

Me observó con esa misma vacía (aunque placentera) mirada en su rostro y eventualmente me preguntó: —¿Qué?

De acuerdo. ¿Qué fue lo que sucedió aquí? Escuchó mi historia, no interrumpió, y su respuesta de una sola palabra pareció bastante placentera. ¿Y qué estaba esperando yo?

Lo que esperaba, y literalmente necesitaba en este punto de nuestra relación, era una validación. Quería que ella viera, entendiera y compartiera mi emoción. No le estaba relatando la historia porque me gustaba hablar, estaba compartiendo con ella con la esperanza de que pudiera sentir mi emoción y emocionarse *conmigo* de igual manera. Tenía la esperanza de una conexión con ella en esta experiencia compartida.

Cuando regresé a casa esa noche, hice lo que cualquier ser humano saludable, productivo y responsable haría: empecé a navegar en Facebook con la mente en blanco. Después de unos minutos, me encontré un enlace con un artículo del Business Insider titulado: "La ciencia dice que las relaciones de larga duración tienen solamente dos características básicas". Intrigado, hice clic en el enlace y empecé a leer.

Este artículo hablaba de estudios conducidos por el psicólogo John Gottman, quien durante las últimas cuatro décadas ha estudiado a miles de parejas, en un esfuerzo por descubrir lo que hace que funcionen las relaciones. Buscando entender mejor por qué algunas parejas tienen relaciones saludables de larga duración mientras que otras no, Gottman y sus colegas decoraron su laboratorio en la universidad de Washington de modo que pareciera un hermoso hotelito campestre con desayuno incluido. Invitaron a 130 parejas recién casadas a pasar el día en este retiro y observaron lo que cualquier persona haría durante un fin de semana típico: preparar comidas, charlar, limpiar y pasar el tiempo.

Mientras Gottman estudiaba las interacciones entre las personas, empezó a notar un patrón. Durante el día, las parejas hacían lo que parecía como solicitudes insignificantes para encontrar una conexión con la otra persona. Por ejemplo, un esposo miraría por la ventana y diría: "¡Guau, ven a ver este carro!". No solo hacía un comentario sobre el carro, esperaba que su esposa respondiera con un interés compartido o aprecio. Esperaba conectarse, aunque fuera por un momento, sobre el vehículo como tema. Gottman llamaba "ofertas" a estas solicitudes de conexión.

La esposa podría elegir responder de manera positiva ("¡guau, es lindo!"), de manera negativa ("uff, qué horrible"), o de una manera pasiva ("mmm, está muy bien, mi amor"). Gottman se refiere a las respuestas positivas y participativas como "voltearse hacia" el ofertante, y a las respuestas negativas y pasivas como "mirar hacia otro lado". El resultado fue que la manera en que las parejas respondían a estas ofertas tuvo un efecto profundo en el bienestar matrimonial.

Gottman encontró que las parejas que se habían divorciado durante el periodo de seguimiento de seis años habían tenido la "oferta de voltearse hacia el ofertante" solamente el 33% de las veces, lo que significaba que tres de cada diez solicitudes de conexión fueron respondidas con interés y compasión.[1]

En contraste, las parejas que se mantuvieron unidas después del periodo de seis años tuvieron las "ofertas de voltearse hacia el ofertante" el 87% de las veces. Casi *nueve de las diez veces*, las parejas saludables cumplían con las necesidades emocionales de su otra pareja.

Y, he aquí lo interesante: al observar estos tipos de interacciones, Gottman aparentemente pudo predecir con *hastaun 94% de certeza* si las parejas ricas o pobres, homosexuales o heterosexuales, jóvenes o maduras, se separarían, se mantendrían juntas e infelices o juntas y felices durante varios años más.

Mientras me mantenía sentado en la computadora leyendo este artículo, me di cuenta de algo. Repentinamente, sentí cómo fluía a través de mi cuerpo una ola de consideración y validación (con una pizca de ajuste de cuentas). ¡*Esto* era lo que le faltaba a mi relación! En definitiva, le enviaba a mi novia varias "ofertas" o solicitudes de conexión todos los días, pero sentía que ella solamente "se volteaba hacia mí" una pequeña fracción de las veces.

Ya estaba familiarizado con el concepto de la validación y había desarrollado una buena habilidad para ofrecerla a los demás, pero todavía no había aprendido a reconocer el momento en que *yo mismo* la necesitaba. Mientras leía el artículo, me fui dando cuenta de que a lo que Gottman se refiere como "voltearse hacia" otra persona es simplemente otra manera de describir la validación: mostrar interés y afirmar el valor de los comentarios, solicitudes o emociones de la otra persona.

Este nuevo conocimiento me abrió los ojos a una realidad muy clara: la validación es crítica para la creación de relaciones saludables y satisfactorias. Y aún más, es crítica para *cualquier* relación, tanto romántica como de otro tipo. De modo que la idea básica de este libro es que, para poder convertirse en un "gran escucha y entendedor", en realidad uno se debe convertir en un gran *validador*.

LA NAVAJA SUIZA DE LOS TALENTOS DE COMUNICACIÓN

Hace varios años, me encontré con un buen amigo para almorzar. Nos pusimos al día con los últimos eventos de nuestras vidas y recordamos algunas buenas épocas que vivimos juntos. Mientras progresaba la conversación, terminamos hablando sobre mis estudios recientes y la exploración de la validación. Había compartido con él algo de mis investigaciones hacía unos meses, de modo que tanto él como yo estábamos "haciendo pruebas". Compartimos y analizamos experiencias recientes, buscamos puntos en común y nos quedamos sorprendidos por la efectividad de este talento. Tan solo una semana antes había usado el Método de los cuatro pasos (que presentaré en la Parte II de este libro), para tranquilizar una situación tensa en el trabajo.

Durante mis días anteriores al conocimiento de la validación, situaciones similares se convertían en discusiones de una o dos horas, y a menudo terminaban con una significativa frustración. Con mi nuevo método, se pudo resolver en unos treinta minutos y todos los participantes se sintieron escuchados y comprendidos. Cuando compartí esta experiencia con mi amigo, me reí, sacudí mi cabeza con incredulidad, y dije: —¡Esto se siente como un súperpoder!

Sé que es algo ridículo, pero la validación estaba funcionando de maravilla. Por supuesto, no estaba viviendo experiencias que cambiaran mi vida en cada una de mis conversaciones, pero muy a menudo el Método de los cuatro pasos funcionó. Estaba aprendiendo a ayudar a otras personas a sentirse escuchadas y comprendidas, y me empezaba a dar cuenta de que la gente necesitaba esto con desesperación. Y agreguemos que pocas personas realmente conocen lo que es la validación, y entonces podrás ver por qué esto se siente como un súperpoder.

Con las herramientas, principios y técnicas que se presentan en este libro, podrás:

- **Calmar (y a veces hasta eliminar) las preocupaciones, miedos e incertidumbres de los demás.** Esto es especialmente útil si tu pareja está molesta, si está lidiando con clientes o colegas iracundos o si tratas de razonar con niños pequeños.
- **Aumentar la emoción y la felicidad de las demás personas.** Esto obviamente es un regalo para la otra persona, pero los estudios muestran que validar las experiencias positivas de los demás, puede mejorar drásticamente la conexión y la satisfacción en una relación interpersonal.
- **Ofrecer apoyo y motivación a los demás, aunque no sepas cómo resolver el problema.** Proporcionar mucha confianza al saber que puedes ayudar a otra persona en *cualquier* situación, sin importar tu propia experiencia o pericia.
- **Mostrar amor, comprensión y compasión con mayor facilidad en tus relaciones íntimas.** Los estudios (y el sentido común) muestran que este talento es crítico para las relaciones felices y de larga duración.
- **Ayudar a los demás a sentirse seguros y cómodos en las confidencias que te hagan.** Esto promueve una conexión más profunda y significativa y aumenta la afinidad de los demás hacia ti.
- **Evitar o resolver discusiones con rapidez.** En vez de "chocar cabezas" y hablar en círculos, ahorrarás tiempo, frustración y dolores de cabeza sabiendo cómo calmar a la otra persona *y* lograrás ser escuchado.

- **Ofrecer consejos que se pongan en práctica.** Cuando comprendes y validas a los demás, las personas se abren mucho más a tus consejos, comentarios o convicciones.
- **Convertirte en un ser humano más agradable.** Cuando ayudas a que alguien se sienta escuchado y comprendido, es lógico que esta persona desarrolle un gusto natural hacia ti. Los humanos tenemos una profunda necesidad de sentirnos escuchados y apreciados. Aquellos que cumplan estas necesidades con sinceridad, serán los más amados y respetados.

En otras palabras, este material es increíble. Y esto aplica para virtualmente *cualquier* relación en tu vida. Si tienes colegas, amigos, hermanos, padres, hijos, vecinos, cónyuges, novia, novio, peluquero, jefe, casero o chofer de taxi, puedes utilizar la validación para mejorar esa relación.

CAPÍTULO 1 RESUMEN

Deseamos (y necesitamos) más que solamente un oído que nos escuche. Como seres humanos, necesitamos sentirnos escuchados y comprendidos. Necesitamos sentirnos aceptados y apreciados. Sin embargo, los buenos entendedores hacen más que solamente escuchar: ellos validan.

La validación puede marcar una gran diferencia en tu matrimonio o relación romántica. Los estudios muestran que las parejas que aprenden a validar y a apoyarse viven en matrimonios significativamente más felices y de mayor duración que aquellos que no lo hacen.

La validación es tan versátil como valiosa. Una validación efectiva puede calmar el miedo o la frustración, aumentar las emociones o la buena fortuna de otras personas, lograr que los demás escuchen tu parte de la historia, lograr relaciones más profundas, resolver discusiones con mayor rapidez y ayudar a convertirte en un ser humano más agradable.

CAPÍTULO 2
VALIDACIÓN 101

"Detrás de la necesidad de comunicarse existe la necesidad de compartir. Detrás de la necesidad de compartir existe la necesidad de ser comprendido".

Leo Rosten

Los humanos somos criaturas sociales. Deseamos ser aceptados, apreciados y que pertenecemos a algo. En épocas de éxito y alegría, buscamos compartir nuestras emociones con los demás. En épocas de dolor y pena, buscamos consuelo y apoyo. De cualquier manera que lo expongas, estamos diseñados para conectarnos. Como lo afirmó John Gottman en sus investigaciones, realizamos docenas (o posiblemente miles) de solicitudes de conexión todos los días. Más a menudo que cualquier otra cosa (aunque no lo sepamos), estamos buscando validación.

Como lo mencioné anteriormente, la validación (dentro del contexto de las habilidades interpersonales) es el acto de reconocer y afirmar la validez o el valor de las emociones de la otra persona. Básicamente, la validación es equivalente a decirle a la persona: "Te escucho. Entiendo lo que sientes, y está perfectamente bien sentirse así".

La validación efectiva tiene dos componentes:

1. Identifica una **emoción específica**
2. Ofrece **justificación por sentir esa emoción**

Por ejemplo, digamos que saliste a almorzar con una colega. Acaban de terminar de comer y continúan charlando por algunos minutos antes de dirigirse de regreso a la oficina. Has notado que ella parece estar distraída, revisa su teléfono con frecuencia sin mostrar su presencia y participación como usualmente lo hace. Por curiosidad, le preguntas qué está pasando.

—Oh... mi hija tenía que llamarme cuando regresara de la práctica de danza" —dice—, pero no he recibido ningún mensaje. Estaba esperando saber de ella desde hace una hora y estoy preocupada.

¿Qué le dirías? ¿Le ofrecerías algún consuelo o tranquilidad? (Por ejemplo, "Oh, seguro que estará bien. Ya sabes cómo son los adolescentes. Probablemente solo se le olvidó".) ¿O te apresurarías a ofrecerle algún consejo? (Por ejemplo, "¡Deberías llamar a alguna de sus amigas!"). Aunque ambas respuestas podrían ayudar, sería más efectivo si dedicaras un momento a validar. (En un minuto explicaré porqué).

Para validar a tu colega en esta situación, esperarías un momento antes de dar un consejo o consuelo y más bien dirías algo como: "No te culpo por estar preocupada, especialmente si te dijo que llamaría hace una hora...".

Nota la manera en que la respuesta: 1) identifica una emoción específica (preocupación), y 2) ofrece justificación por sentir esa emoción (ha pasado más de una hora desde que se suponía que su hija se comunicaría con ella). Esta respuesta le muestra a tu amiga que no solamente escuchas sus sentimientos, sino que también entiendes *por qué* se siente de esa manera. Aunque intuitivamente no tenga sentido, la elección de validar a tu amiga en vez de ofrecer soluciones a su problema es posiblemente la mejor manera de ayudar.

Este punto lo ilustra un estudio que fue publicado en el 2011. Se les pidió a los participantes que completaran cierto número de problemas difíciles de matemáticas durante un periodo corto de tiempo y luego se les pidió que informaran sobre su estado emocional (por ejemplo, estresado, avergonzado, confiado, etc.). Más adelante, el facilitador respondió con comentarios que podrían ser de validación o de invalidación. Si el participante expresó frustración, por ejemplo, el investigador respondería con un comentario tal como: "Uy, las demás personas se sentían frustradas, pero no tanto como lo parece estar usted" (invalidación), o "No lo culpo, ¡resolver problemas de matemáticas sin papel y lápiz es muy frustrante!" (validación).

Se les pidió a los participantes que completaran una segunda ronda de aritmética y que después reportaran de nuevo sus sentimientos. Sus emociones fueron validadas o invalidadas de nuevo, y este proceso se repitió una tercera y última vez. Los investigadores midieron la respuesta de los participantes al estrés y la retroalimentación al medir su frecuencia cardiaca y niveles de conductancia de la piel (SCL por sus siglas en inglés), las cuales son mediciones comunes de respuestas fisiológicas. Cuando el experimento finalizó, se recopilaron los datos y se analizaron y registraron las tendencias, correlaciones y consideraciones.

De manera poco sorpresiva, los participantes que recibieron respuestas de invalidación mostraron un aumento gradual en el SCL, una respuesta prolongada al estrés y un aumento gradual de la frecuencia cardiaca. También se reportaron aumentos regulares de pensamientos negativos después de cada ronda, aunque se les haya dicho: "No se preocupen". En otras palabras, se *estaban* preocupando y no estaban disfrutando el experimento.

Sin embargo, los participantes cuyas emociones fueron *validadas*, proporcionaron resultados totalmente diferentes. Estas personas mostraron una trayectoria de SCL significativamente más baja, reportaron cambios insignificantes en sus sentimientos negativos y, de hecho, mostraron una *disminución* constante de la frecuencia cardiaca durante el experimento.[2] ¿Pudiste captar esto? No fue solamente que su frecuencia cardiaca se mantuviera constante o que aumentara a una tasa más lenta que los que no recibieron validación, sino que *disminuyó*, a pesar de que tenían que seguir trabajando con problemas difíciles. Aunque estaban expuestos a los mismos factores estresantes que el otro grupo, los que recibieron validación a sus emociones encontraron significativamente más fácil regular sus emociones y mantenerse tranquilos.

Con mayor frecuencia, las personas que se desahogan o que se quejan ya saben cómo manejar su situación actual, solamente están buscando a alguien que pueda ver y apreciar su dificultad. Aunque parezca que esto vaya en contra de la intuición, la validación a menudo es la manera más rápida y fácil de ayudar a las personas a resolver sus preocupaciones y regresar de nuevo a su normalidad.

RESPUESTAS QUE VALIDAN

Existen, por supuesto, numerosas maneras de validar. Cuando le muestras a la otra persona que reconoces y aceptas sus emociones, ya la estás validando. Cualquiera de los siguientes comentarios sería validador dentro de un contexto adecuado:

- "Guau, eso *sería* confuso".
- "¿Realmente dijo eso? ¡Yo también estaría enojado!".
- "Ah, eso es muy triste".
- "Entiendo perfectamente porqué te sientes así, estuve en una situación similar en otra ocasión y fue *difícil*".
- "Tienes todo el derecho de estar orgulloso, ¡eso fue un gran logro!".
- "¡Me siento muy feliz por ti! Has trabajado increíblemente duro en esto. Debe sentirse muy bien".

Ten en cuenta de nuevo la manera en que estas respuestas se refieren a una emoción específica y que muestran alguna justificación o aceptación. Incluir ambos elementos de la validación muestra a la otra persona que no solo la estás escuchando, sino que también la *comprende*s.

RESPUESTAS QUE INVALIDAN

Ahora que ya estamos familiarizados con las respuestas de validación básicas, estudiemos a sus hermanas más comúnmente empleadas. Respuestas que *in*validan Las respuestas que invalidan a menudo nacen de una buena intención, pero no ayudan en lo absoluto.

La sociedad nos enseña desde niños que existen algunas emociones que "deberíamos" y que "no deberíamos" sentir. Comentarios tales como "no llores", "no te preocupes" y "no te enojes", al igual que "siéntete feliz", "sé más confiado" y "solo disfruta el proceso" refuerzan esta idea. Por algún motivo, comencé a sentirme incómodo con algunas emociones que han sido etiquetadas como "malas". A menudo estas incluyen: preocupación, miedo, ira, celos, orgullo, tristeza, culpa e incertidumbre. Al mismo tiempo, se nos dice que debemos sentir más emociones "buenas". Estas típicamente incluyen: felicidad, exaltación, calma, confianza y gratitud.

Esto puede parecer muy bueno de manera superficial, pero se convierte en un problema cuando nos sentimos mal con nosotros mismos por haber sentido una emoción "mala". Si no debo enojarme, pero lo hago, entonces quizás soy una persona mala o enojona. Si me preocupa algo que no debería preocuparme, entonces soy irracional o melodramático. Si me da miedo algo que no debería atemorizarme, entonces soy débil o cobarde. Estos y otros mensajes de vergüenza corren por nuestras mentes, simplemente porque no nos sentimos como "deberíamos".

La realidad es que *ninguna emoción es realmente mala o buena.* Son simplemente emociones. Son simplemente reacciones a una situación. Y, tanto si nos gusta como no nos gusta, vamos a sentir una gran cantidad de ellas, todos los días, por el resto de nuestras vidas. William Shakespeare lo expresó mejor de esta forma: "No existe nada que sea bueno o malo, solo pensar en ello es que lo hace así". Es la manera en que interpretamos estas emociones, y elegimos manejarlas lo que marca la diferencia.

La ira, por ejemplo, tiene mala reputación. Aunque muchos dejan que la ira los conduzca a la violencia, hay otros a quienes los conduce hacia una acción positiva. Muchos de los cambios positivos más significativos de este mundo suceden porque alguien sintió ira por causa de alguna injusticia y permitió que esta ira lo condujera a realizar algún tipo de acción.

De modo que, ¿de qué manera este juicio sobre las emociones se relaciona con la validación? Simplemente la desvirtúa. Cuando les decimos a las personas que deberían o no deberían sentir algo, nos arriesgamos a empeorar la situación. Piensa de nuevo en el estudio de la última sección: decirles a los participantes que no se preocuparan (o de otro modo, sugerir que estaban siendo irracionales) fue un factor que se *agregó* a su estrés. Desafortunadamente, es fácil invalidar a la otra persona. Para la mayoría de las personas, es casi una reacción automática. ¿Cuántas veces has respondido a un amigo o familiar con alguna variación de lo siguiente?

- "Estarás bien".
- "¡Podría ser peor!".
- "Por lo menos no es (llenar espacio en blanco)".
- "Simplemente, sonríe y sal adelante".
- "No te preocupes, todo saldrá bien".
- "Deja de quejarte, no eres la única persona que está adolorida".
- "No es un problema tan grande".

Si te pareces en algo a mí (o a la mayoría de las personas), ya estarás bastante familiarizado con una o más de estas frases.

"Pero, ¿qué tal si realmente existe algo de qué preocuparse?", preguntas.

No importa. Lo que importa es que la persona *está* preocupada y desea que otra pueda verlo y apreciarlo. Todo el mundo, sin importar la edad, género o coeficiente intelectual, se encontrará de vez en cuando en una situación similar, cuando se sienten estresados o preocupados sobre algo que "no debería" preocuparles. Cuando alguien se encuentra en este estado, un sencillo "no te preocupes" no ayuda. Si en vez de esto le muestras que puedes ver y apreciar lo que está sintiendo, la misma persona podría encontrar la solución o estará mucho más abierta a escuchar la tuya.

SABER CUÁNDO VALIDAR

Aunque a todo el mundo le gusta sentir validación, muy poca gente conoce esto por su nombre. Pueden sentir cuando la reciben, pero pocos saben realmente cómo llamarla. Como resultado, es poco probable que alguien se te acerque y te diga directamente: "Me gustaría algo de validación". De modo que esto conduce directamente a la pregunta: ¿Cómo sabes cuándo se debe validar?

Las solicitudes de validación son mucho más comunes de lo que piensas. En mi experiencia (admito que no tengo ningún tipo de medición científica), el 80 a 90 por ciento de las conversaciones presentan al menos una oportunidad de validación. Es decir que si alguien te está hablando, posiblemente está esperando algún tipo de validación. Esto también surge de nuestra necesidad básica humana de recibir aprecio y aceptación. Es algo hacia lo que todos sentimos una inclinación, sin importar lo independiente, confiados o autosuficientes que seamos.

Si no estás seguro de si debes validar o no, simplemente comprueba si la otra persona está compartiendo algo contigo. Podría ser una experiencia, una emoción, una preocupación, etc. si alguien está compartiendo algo contigo (por ejemplo,

"¡Nunca creerás lo que sucedió en el trabajo!", "Simplemente no sé qué hacer con Aarón", "¡Este examen que viene me matará!"), probablemente busca validación. Aunque la persona comparta contigo un problema y te pida consejos, estará esperando primero (de manera consciente o inconsciente), un poco de validación.

Entre el 10 y el 20% restante de tus conversaciones tratarán de hechos simples con muy pocas o nulas emociones implicadas. Si la otra persona te pide indicaciones, te asigna un proyecto en el trabajo o te pregunta lo que te gustaría cenar, posiblemente no necesites validar. Pero si la persona te pide indicaciones, *y luego te dice que está preocupada porque se puede perder*, de nuevo está buscando validación.

EJEMPLO N°. 1: CÓNYUGE FRUSTRADO

El siguiente ejemplo fue adaptado de una conversación que un amigo tuvo con su esposa. Ella se acercó a él sintiendo frustración por causa de su hermana y buscaba apoyo.

Amalia: —Ahhhh. ¡Emilia me está volviendo loca!

David: —¿Qué sucedió?

Amalia: —¿Te acuerdas de aquel viaje de hermanas que hemos estado planificando? Ella sigue cambiando los planes, no me escucha *y tampoco le importa un comino* lo que el resto de nosotras queremos hacer.

David: —Bueno, ¿le acabas de decir lo que deseas hacer?

Amalia: —Por supuesto que sí. ¡Todas lo hemos hecho! Siempre tiene algún motivo para hacer las cosas a su manera. Ahhh. Estoy tan cansada de esto.

David: —Deberías simplemente decirle eso, que no sientes que te escuche.

Amalia: —Ya lo *intenté*. Siempre hace lo mismo. Siento que me vuelvo loca porque todas las demás la dejan tomar el mando. ¡No estoy dispuesta a gastar todo ese dinero y tomar una semana de vacaciones solamente para seguir su estricto programa durante todo el día!

David: —Bueno, si no deseas ir, no vayas.

Amalia: — ¡Por supuesto que deseo ir! ¡ Quiero ir y realmente *divertirme*!

David: —Entonces, habla con tus otras hermanas. Estoy seguro de que entre todas lo resolverán. ¡O *yo* hablaré con ella!

Amalia: —No, yo sola puedo ocuparme de esto. Solo es que me siento frustrada.

David: — ¿Y qué tal si cada una planifica un día?

Amalia: —No es así de fácil. Los lugares que deseamos ver están muy separados uno del otro.

David: — ¿Y qué tal si todas reservan una excursión en grupo?

Amalia: —No, queremos hacerlo nosotras mismas.

David *(sin saber bien lo que Amalia espera de él en este momento)*: —Pues, ya es hora de que resuelvan este asunto. El viaje es dentro de pocas semanas, ¿cierto?

Amalia *(ahora frustrada y lista para terminar la conversación)*:— Sí. Está bien. Ya lo resolveré de alguna manera.

¿Por qué le fue tan mal a David al tratar de ayudar a su esposa? En resumen, no reconoció que ella buscaba validación en vez de consejo. Amalia se mantuvo frustrada porque David trató de arreglar el problema desde el principio, en vez de validar primero su frustración. David también se alejó sintiéndose confuso y poco apreciado porque Amalia se molestaba aún *más*, y hasta un poco a la defensiva, cada vez que David trataba de ayudarle.

De nuevo, la mejor oportunidad de David para ayudar a su esposa hubiera sido solo reconocer que su frustración era comprensible y de aguantarse a ofrecer consejos al menos que ella lo pidiera. Lo que confunde un poco esta situación es el hecho de que Amalia ni siquiera se daba cuenta de que estaba buscando validación. Lo único que sabía era que, mientras su esposo trataba de confortarla u ofrecer soluciones, ella se ponía aún más a la defensiva.

He aquí la manera en que esta conversación pudo efectuarse si David hubiera validado a Amalia en vez tratar de consolarla de inmediato:

Amalia: —Ahhhh. ¡Emilia me está volviendo loca!

David: —¿Qué sucedió?

Amalia: —¿Te acuerdas de aquel viaje de hermanas que hemos estado planificando? Ella sigue cambiando los planes, no me escucha *y tampoco le importa un comino* lo que el resto de nosotras queremos hacer.

David: — ¿En serio? ¿Y qué le pasa ahora?

Amalia: — ¡No lo sé! ¡Me está volviendo loca! El viaje es dentro de pocas semanas y temo no conseguir reservaciones.

David: —Ahhh, eso es muy frustrante. ¿Y qué piensas hacer?

Amalia: —¡No lo sé! Siempre hace lo mismo. Siento que me vuelvo loca porque todas las demás simplemente la dejan tomar el mando. ¡No estoy dispuesta a gastar todo ese dinero y tomar una semana de vacaciones solamente para seguir su estricto programa durante todo el día!

David: —Pues, *claro*, están dividiendo todo entre las cuatro, ¿cierto? Se trata de tus vacaciones al igual que las de ella.

Amalia: En serio. Ya lo resolveré de alguna manera. Es muy frustrante.

David: —Claro, realmente debe ser frustrante. Especialmente si esto ocurre todo el tiempo.

Amalia: — ¡Siempre ocurre! Ya lo espero de ella. Desde que éramos niñas.

David: —A mí eso me volvería loco.

Amalia: —Ahhh, ¡*ni me lo digas*!

David: —Huy, lo siento.

Amalia: Está bien. Creo que hablaré con ella de nuevo. Y si no cede... No lo sé. Quizás me dedico a lo mío en cuanto lleguemos.

David: —No es mala idea. Con un poco de suerte, cederá un poco.

Amalia: —Sí.

(breve pausa)

Amalia: —Y bien, gracias por escucharme. ¿Cómo te fue en el trabajo?

En este ejemplo, David responde utilizando varios principios de validación que trataremos más adelante en este libro. Reconoció que Amalia estaba buscando validación, en vez de consejos, y le ofreció exactamente eso. El resultado fue un apoyo sencillo, respetuoso, sin juicios, que le ayudó a Amalia a hablar sobre el tema y a aliviar su frustración en vez de intentar ignorarla o suprimirla. La conversación entre ellos se convirtió en algo más placentero y con mayor conexión, y tuvo un resultado significativamente más positivo.

EJEMPLO N°. 2 SENSACIÓN DE INSEGURIDAD

Digamos que te encuentras hablando con una amiga que se siente insegura sobre su apariencia. Después de un día particularmente difícil, se sienta en tu sofá y suspira.

—Nunca conseguiré que un chico quiera salir conmigo.

La reacción inmediata de la mayoría de las personas sería quitarle importancia a este comentario, insistir que no es cierto y continuar aumentando la confianza de la amiga con elogios y motivación. ¿Hubieras hecho lo mismo? Aunque este haya sido tu primer impulso, es posible que hayas leído lo suficiente de este libro para sospechar que existe un método mejor. (Y tu sospecha sería correcta).

Digamos que le respondes algo como: "¡Eso no es cierto! Con toda seguridad encontrarás a alguien". Esta no sería una mala respuesta. De hecho, podrías temer que si *no* dices algo así, pensará que *la consideras* como un caso perdido. Pero, seamos sinceros por un momento. Si respondes de inmediato "Eso no es cierto", ¿realmente la ayudarás a sentirse mejor? ¿De repente caerá en cuenta y te dirá, "oh, ok, ¡gracias!", y luego seguirá su camino feliz de la vida?

No lo creo.

Una respuesta como esa quizás reducirá su ansiedad durante un par de segundos, pero no tendrá un efecto duradero. Aunque tú, sus colegas, su familia y cualquier persona con quien hable insista en que es hermosa, divertida, inteligente, etc., esto no cambiará el hecho de que se *siente* poco atractiva de alguna manera. Existe un gran número de casos de modelos profesionales (estamos hablando de personas que en verdad reciben dinero porque todos los demás piensan que son hermosas), que admiten que se sienten feas y que nadie las amaría. En casos como esos, hay algo más profundo, un motivo por el cual esta persona se siente de esta manera. Y si somos realistas, la única forma para lograr que tu amiga sienta realmente que alguien la amaría es trabajar con esos sentimientos y problemas.

Es aquí en donde la validación se convierte en algo muy valioso. Como ya dijimos antes, es muy difícil que alguien resuelva problemas difíciles cuando se bloquea por causa de emociones fuertes. Las emociones más dolorosas o difíciles se fortalecen y son más intimidantes cuando se suprimen o se lucha contra ellas. Cuando validas a la otra persona, la ayudas a ver y aceptar sus emociones por lo que son en realidad: solo sentimientos, ni buenos ni malos. Esto facilita significativamente la manera de procesarlos y liberarse de ellos.

De modo que, ¿cómo ofrecerías validación en una situación como esta? Si no vas a descartar el comentario de tu amiga y a tratar de darle más confianza, ¿entonces qué harías?

Aborda este asunto con curiosidad. Haz preguntas para comprender la emoción que está sintiendo y de dónde proviene. Podría estarse sintiendo herida, avergonzada, triste, enojada o cualquier otra mezcla de emociones. Describiremos algunos consejos y técnicas para descubrir los sentimientos de la persona más adelante, pero una respuesta de mayor validación podría ser la siguiente:

> **Amiga:** —Nunca conseguiré que un chico quiera salir conmigo.
>
> **Tú:** — ¿Qué? ¿Por qué dices eso?
>
> **Amiga:** —Simplemente, veo montones de mujeres hermosas por todos lados y soy más fea que todas.
>
> **Tú:** —Hay muchas mujeres hermosas aquí. Es difícil evitar compararse con las demás.
>
> **Amiga:** —Sí. Es horrible.
>
> **Tú:** — ¿Por qué te sientes menos hermosa?
>
> **Amiga:** —Javier me dijo algo hace varias noches que realmente me afectó…

Con este ejemplo, puedes ver la manera en que la validación, junto con un poco de curiosidad, puede empezar a descubrir las razones escondidas de los sentimientos de una persona. En este caso, la curiosidad y la empatía condujeron a una consideración más profunda de por qué tu amiga se siente insegura. Esta consideración adicional te permitirá ofrecer una validación más profunda en las áreas que tendrán mayor impacto, y te pondrán en una mejor posición para que brindes comentarios, consejos y seguridad.

EJEMPLO N°. 3 LA LUCHA PARA TENER HIJOS

Durante los primeros años del matrimonio de mis padres, uno de sus mayores deseos era iniciar una familia. No querían más que ser padres y tener una familia feliz y amorosa. Sin embargo, mientras pasaban las semanas, los meses y los años sin que ella quedara embarazada, se dieron cuenta que tener sus propios hijos se convertiría en algo mucho más difícil de lo que esperaban. A pesar de que hicieron muchas visitas a los médicos y de que intentaron muchos tratamientos de fertilidad, no pudieron concebir, y el miedo de nunca tener sus propios hijos aumentaba y se intensificaba. El Día de las Madres era particularmente difícil para mi mamá, ya que funcionaba como un recordatorio anual de que no pudo, y que nunca podría, conseguir lo que más deseaba: ser madre.

Mientras mis padres buscaban el apoyo de los amigos y la familia, muchos respondieron con respuestas parecidas a estas:

- "¡Estoy seguro de que eventualmente sucederá!".
- "Yo no me preocuparía demasiado. Si va a pasar, pasará".

- (Y, personalmente, mi comentario favorito): "¿No puedes tener hijos? ¡Mi esposo con tan solo mirarme me deja embarazada!".

Es posible que las personas que hicieron estos comentarios no tenían la intención de causar dolor o de restarle importancia al asunto, pero sus respuestas demostraron falta de empatía y restaron importancia al miedo y dolor que enfrentaban mis padres. No pasó mucho tiempo antes de que mis padres dejaran de confiar en estas personas y prestaran atención a aquellos que mostraban más empatía y validación.

Ante esta situación, una respuesta de mayor validación podría haber sido cualquiera de las siguientes:

- "Lo siento *mucho*. Ni siquiera me puedo imaginar lo doloroso que debe ser".
- "¿Sabes? Nunca he estado en la misma situación, pero puedo entenderlo. Ricardo y yo luchamos para tener hijos durante cinco años y todavía recuerdo la agonía que sentía. "Lo que te está pasando no es nada fácil".
- "Vaya, eso es *muy* duro". "Lo lamento. ¿Cómo te sientes?".

RESPUESTAS QUE VALIDAN CONTRA LAS QUE INVALIDAN

Antes de terminar con este capítulo, repasemos el tema y echemos un vistazo a algunas comparaciones directas entre las respuestas que validan y las que invalidan. Cada ejemplo consiste de un comentario y dos respuestas posibles: una que valida y la otra que invalida. Estas son cortas y van direct0 al grano, pero si te interesa ganar puntos adicionales, dedica un momento para agregar algunas respuestas de validación para cada situación.

Comentario: "Estoy preocupado por el examen que viene..."

Respuesta que invalida	Respuesta que valida
"¡No te preocupes! Te va a ir bien. Estoy seguro de ello".	"¡No te culpo! ¡Esta es una clase difícil!".

Comentario: "¡Esta gripe es *muy* molesta! No puedo dormir, tengo dificultad para respirar y me duele mucho la garganta".

Respuesta que invalida	Respuesta que valida
"Que pena, pero pronto se te quitará. Podría ser peor, ¡a mi vecino le dio influenza el año pasado y se tuvo que quedar en cama por casi un mes!".	"Uy, eso suena horrible. Es muy frustrante no poder dormir cuando estás enfermo, y no *soporto* esos dolores de garganta".

Comentario: "Ya no quiero ir a la escuela. ¡Pasé una vergüenza tan grande en el concurso de talento de anoche que nunca más quiero aparecer por ahí!".

Respuesta que invalida	Respuesta que valida
"No tienes nada de por qué sentirte avergonzada. ¡Hiciste un excelente trabajo!".	"Lo siento, preciosa. Es duro presentarse frente a toda la escuela de esa manera, especialmente cuando estás desempeñando un papel. ¿Hay algo en particular que te preocupa?".

Esto es bastante claro, ¿cierto?

¡Felicitaciones! Acabas de completar el curso Validación 101. Ahora puedes comprender con claridad los fundamentos, y estás listo para entrar en el tema más profundamente y adoptar medidas. En los capítulos 3 y 4 se aclararán algunos malentendidos comunes (por medio de interesantes investigaciones y experiencias personales) que te proporcionarán un curso rápido de empatía, con el fin de prepararte adecuadamente para los poderosos principios de la Parte II.

CAPÍTULO 2 RESUMEN

La validación consta de dos elementos principales: 1) ofrece reconocimiento a una emoción específica y 2) ofrece justificación por sentir esta emoción.

La validación carece de prejuicios. Permite que la otra persona exprese su emoción sin etiquetarla como "buena" o "mala".

La *in*validación (por ejemplo, descartar o restar importancia a los sentimientos de la otra persona) es contraproducente. Las investigaciones han demostrado que las respuestas de invalidación pueden empeorar una situación que ya es difícil, aun cuando haya sido ofrecida con la mejor de las intenciones.

Ofrecer validación, antes o en vez de ofrecer consejos o seguridad, es a menudo la mejor forma de ayudar. Hacerlo ayuda a los demás a aliviar las emociones difíciles con mayor rapidez y a menudo les permite encontrar una solución al problema por sí mismos. Liderar con validación también aumenta la posibilidad de que los demás te escuchen y acepten tus consejos.

CAPÍTULO 3
CONCEPTOS ERRÓNEOS COMUNES

"La conexión es la energía que se crea entre las personas cuando se sienten presentes, escuchadas y valoradas".

Brené Brown

Aunque el concepto básico de la validación es bastante sencillo, a menudo veo que no se utiliza o que se hace de mala manera debido a algunos malentendidos comunes. Es buena idea aclararlos ahora.

MALA INTERPRETACIÓN #1: LA VALIDACIÓN ES SOLAMENTE PARA LAS EMOCIONES NEGATIVAS

Hasta este momento, hemos hablado mucho sobre emociones negativas, pero la validación es igual de beneficiosa en el apoyo de las emociones positivas. De hecho, las investigaciones han demostrado que la capacidad de validar las experiencias positivas de las demás personas puede mejorar drásticamente la conexión y la satisfacción en una relación.

CONCEPTOS ERRÓNEOS COMUNES

En un estudio realizado en 2004, los investigadores encontraron que las relaciones románticas tenían más participación, satisfacción, confianza e intimidad, y menos conflictos diarios cuando las parejas validaban entre sí la buena fortuna.[3] Esto no es una gran sorpresa, ¿cierto? Es lo que esperarías.

Sin embargo, lo que sorprendió a los investigadores fue que las respuestas pasivas-constructivas (por ejemplo, "Qué bien. ¡Adivina lo que me sucedió hoy!"), obtuvieron la misma correlación con los resultados obtenidos como respuestas *destructivas* activas en relaciones negativas (por ejemplo, "¿Te ascendieron? ¡Dile adiós a volver a dormir tranquilo!"). Es decir, como respuesta a la emoción de una persona de manera desinteresada, aunque tu comentario sea positivo, puede ser tan dañina como responder con un comentario negativo y desilusionante.

Imagínate a una mujer y su esposo descansando en su patio después de un largo día. La mujer está revisando su correo electrónico, de repente voltea hacia su esposo y dice: —¡Acabo de recibir un mensaje muy agradable de mi jefe! —Su esposo, sin siquiera quitar la mirada de su teléfono inteligente, dice (de una manera agradable, pero obviamente desconectada): —Muy bien, mi amor —y sigue leyendo. La esposa sabe que su marido no le presta realmente atención, regresa su mirada a la computadora y continúa viendo sus mensajes. ¿Qué tan apreciada por su esposo piensas que se sintió ella en ese momento? Es posible que hayas tenido experiencias similares, y no es difícil ver la manera en que dejar de validar las emociones positivas puede ser duro para una relación.

Ahora, considera la manera en que la situación pudo haberse desarrollado si el esposo hubiera reconocido la solicitud de conexión de su esposa y la validación de su emoción:

—¡Acabo de recibir un mensaje muy agradable de mi jefe! —dice la mujer.

—¿En serio? —responde el esposo, volteando hacia ella.

—Sí, escucha esto: "Jacqueline, solo quería decirte la manera en que me impresiona lo bien que manejas la gran variedad de proyectos que están bajo tu responsabilidad. Eres una persona clave en nuestro equipo y no sé si hubiéramos podido conseguir esas cuentas sin ti la semana pasada. Sigue trabajando así".

— ¡Eso es fantástico! —responde el esposo.

En serio —contesta la esposa, radiante—. Creo que nunca había recibido un elogio de su parte anteriormente.

—Debes sentirte muy bien. ¡Hay algo que estás haciendo bien!

La pareja continúa su charla durante unos segundos más y luego cada uno regresa a sus respectivos dispositivos. Se trata solo de un sencillo intercambio, pero estas pequeñas cosas se van sumando.

Las oportunidades para validar experiencias positivas están por todos lados. Sin embargo, si no prestas atención, se te pueden escapar con facilidad. La mayoría de las personas reconocen oportunidades para ayudar a un familiar o amigo con problemas, pero a menudo parece menos importante enfocar la misma atención en la exaltación o buena fortuna de otra persona.

Recibí un recordatorio de esto justo el otro día. Me detuve en un restaurante de comida rápida cuando volvía a la casa del trabajo, y mientras esperaba mi cena, vi a un niño con su papá sentados en una mesa frente a mí. El niño estaba feliz tratando de armar un rompecabezas 3D que venía con su paquete de comida y su papá se encontraba sentado frente a él observando su teléfono inteligente. Ya solo esta escena era triste (le rogaba mentalmente al papá que guardara su teléfono), pero cuando el pequeño terminó su rompecabezas, la situación se puso aún más triste.

Mientras el chico encajaba la última pieza del rompecabezas, se iluminaron sus ojitos. Una gran sonrisa iluminó su rostro y con gran orgullo y emoción se lo mostró a su papá. Sentí mi corazón encogerse cuando vi que el papá respondió sin entusiasmo: —¡Qué bien! —sin siquiera quitar la mirada de su teléfono. Volví a mirar al niño. Se quedó observando a su papá por medio segundo más, obviamente esperando algún tipo de reconocimiento o validación positiva, y luego volvió a mirar su rompecabezas y continuó jugando.

Para mí, esto fue difícil de observar, no solamente porque aquel joven padre perdió la oportunidad de validar y conectarse con su hijo, sino también porque he sido culpable de comportamientos similares. El pequeño no se quejó ni tampoco dijo algo más, pero su "oferta" o solicitud de conexión se quedó sin cumplir. Si su padre hubiese colocado el teléfono en la mesa, observado más de cerca el rompecabezas del niño y le hubiera dicho: "¡Guau, que buen trabajo hiciste! ¡Estos rompecabezas son difíciles!", le hubiera enviado al chico un mensaje muy diferente. Y le hubiera quitado solamente un momento de su tiempo.

La validación de una experiencia positiva no solo es posible, sino que también es crítica para desarrollar relaciones satisfactorias y saludables. Aprender a identificar y actuar en estas oportunidades puede marcar una diferencia importante en tu conexión con los demás.

MALA INTERPRETACIÓN #2: NO PUEDES VALIDAR SI NO ESTÁS DE ACUERDO

Cuando ofreces validación a alguien, básicamente estás diciendo: "Entiendo por qué te sientes de esa manera". Es importante tener en cuenta que esto no es lo mismo que decir: "Estás en lo cierto" o "Estoy de acuerdo". Puedes validar cualquier emoción sobre cualquier situación siempre que comprendas la perspectiva de la otra persona. Aunque no parezca cierto al principio, las reacciones de la mayoría de las personas (hasta las que parecen más irracionales), tienen un gran sentido cuando realmente comprendes el razonamiento de esta persona. Puede que tengas que pensar en sus antecedentes, sus miedos, sus esperanzas, el hecho de que quizás no cuentan con todos los detalles, etc., pero muy a menudo encontrarás que su respuesta es realmente bastante razonable dada la situación.

Hace años entró a mi oficina un colega que quería hablar conmigo. Se sentó y empezó a expresar la preocupación de que otro colega, a quien yo mismo había colocado a cargo de algunas tareas sencillas, no estaba calificado y podría producir un trabajo inconsistente con nuestra marca.

Escuché a este colega mientras expresaba sus preocupaciones. Después de unos momentos, intenté asegurarle que ya esto estaba bajo control. La seguridad que le ofrecí aparentemente le entró por un oído y le salió por el otro, y luego esta persona expresó preocupación sobre *mi propia* experiencia y capacidad creativa.

Empecé a sentir cómo se acumulaba dentro de mí una sensación de orgullo herido, mientras luchaba por mantenerme tranquilo y evitar ponerme a la defensiva. A pesar de mis esfuerzos, no me tomó mucho tiempo empezar a enumerarle mi propia educación y experiencia, en un intento fallido de convencerlo de que realmente yo sabía lo que estaba haciendo.

Después de un par de intentos de tranquilizarlo de esta manera (mientras al mismo tiempo defendía mi ego), me di cuenta de que no estaba funcionando. Siguió insistiendo en sus puntos originales una y otra vez y siguió expresando más preocupaciones. Estábamos hablando en círculos, y claramente él no me estaba escuchando.

Luego, hice una pausa y me di cuenta de que estaba manejando esto de manera equivocada. Había saltado de inmediato a intentar resolver el problema antes de reconocer y validar sus preocupaciones. Él no *me* estaba escuchando porque yo no *le* estaba escuchando tampoco. Me detuve un momento a escuchar con más claridad lo que me estaba diciendo y traté de entender lo que él sentía. Me di cuenta que desde su punto de vista, con la información limitada con la que contaba, realmente *tenía* un motivo para preocuparse.

Hice una pausa y luego dije: —¿Sabes qué, Jacinto? Ciertamente puedo ver por qué estás preocupado. Sin haber escuchado con anterioridad todas las discusiones y los detalles del proyecto, de repente ves que un tipo trabaja en proyectos para los que *no* es el más calificado. Estoy por completo de acuerdo aquí contigo. Básicamente, te quedas aquí preocupándote por quién está manejando estos proyectos, si tu opinión vale algo para la dirección creativa, etc., yo también me preocuparía si estuviera en tu lugar.

—Claro —dijo, obviamente sintiéndose aliviado—. Eso es exactamente. Lo que me preocupa es que no tiene la experiencia ni el talento para este tipo de proyectos.

"¡Ajá!", pensé, "¡estamos progresando!". Una vez que reconocí que un comentario de validación había roto al final aquel ciclo de discusión interminable, proseguí:

—Entiendo a la perfección por qué estás preocupado y aprecio mucho tu intención de proteger la compañía. También aprecio que me hayas contado esto, porque sé que no es fácil tener este tipo de conversaciones.

—Así es en realidad, Michael —, dijo con un suspiro de alivio aún más profundo—. Creo que no tienes la más ligera idea de lo difícil que es para mí tener esta conversación contigo en este momento.

En este punto, la atención de la conversación había bajado mucho y Jacinto, ahora sintiéndose escuchado y comprendido, finalmente se abrió a ver mi perspectiva. Le expliqué que yo también sentía que esta persona no era la más adecuada para el cargo, pero que tenía las cualidades *suficientes* para esos proyectos en particular. Le aseguré a Jacinto que estaría trabajando muy de cerca con esta persona para asegurarme de que el trabajo fuese de calidad y que quería que Jacinto me ayudara en la ejecución de algunos asuntos claves.

—Gracias, Michael —dijo—. Esto era lo que necesitaba escuchar. Ahora me siento mucho mejor. —Salió de mi oficina y continuamos cada uno con nuestro trabajo.

Observa (después de un poco de prueba y error de mi parte), cómo pude validar las preocupaciones de Jacinto sin tener que decirle: "Estás en lo cierto. Él no debería de estar trabajando en ese proyecto". Si no hubiera hecho una pausa para comprender y validar sus preocupaciones, nuestra conversación hubiera continuado durante horas sin llegar a una resolución.

Si alguien se encuentra fuera de sí, enojado o preocupado, validarlo es la mejor manera para que pueda sentirse receptivo a tus comentarios. Lo excelente de todo esto es que puedes validar a la persona, aunque no estés de acuerdo con ella. Aprender a hacer esto te dará una valiosa herramienta para

CONCEPTOS ERRÓNEOS COMUNES

manejar los confrontamientos, las negociaciones, los desacuerdos y demás.

MALA INTERPRETACIÓN #3: LA VALIDACIÓN ES SIMPLEMENTE REPETIR LO QUE LA OTRA PERSONA ESTÁ DICIENDO

Hace años, aprendí una técnica llamada "escucha reflexiva". La escucha reflexiva es el acto de repetir, con tus propias palabras, lo que la persona acaba de decir. La idea es que: 1) compruebas si la escuchaste correctamente, y 2) la ayudas a darse cuenta de que la estás escuchando. Aunque este es un talento útil, he encontrado que a menudo es mal entendido y mal implementado. Si no tienes tacto, el simple reflejo de lo que alguien ha dicho puede resultar como algo mecánico y poco auténtico.

Si una amiga te dice que está molesta porque su jefe la insultó, una respuesta de escucha reflexiva podría ser: "Te sientes molesta porque te insultó". Se trata de un hecho (hasta donde sepas), no emite juicios y le muestra a tu amiga que estás prestando atención. La escucha reflexiva se enfoca en las palabras que acaba de decir la otra persona.

En contraste, la validación se enfoca en la *emoción* que acaba de expresar la otra persona. Según lo que presenté en el capítulo 1, la mayoría de las personas no ponen en duda si entendimos sus palabras, lo que desean saber es si nos *conectamos* con lo que comparten. Para este ejemplo, una respuesta de mayor validación podría ser: "¡Guau! ¡Me enoja escuchar eso!". La diferencia clave en esto es que, en vez de *observar* la experiencia de tu amiga, participas *con* ella y buscas entender cómo se siente.

Hace varios años, me inscribí en una clase de habilidades interpersonales y de comunicación en donde a los alumnos se les motivaba a mantenerse en contacto entre sí fuera de las horas de clase. Un par de las clases se enfocaron en la empatía y la validación, y se nos motivó a darles seguimiento entre nosotros mientras practicábamos estos principios en nuestras vidas diarias.

Sin embargo, un miembro de la clase malinterpretó la validación como la escucha reflexiva, y cuando trató de ofrecer validación, la sentimos mecánica e impersonal. Cuando lo llamaba en busca de un poco de apoyo sobre una nueva perspectiva, nuestras conversaciones sonaban como lo siguiente:

Yo: —Hola Tomás, me siento verdaderamente frustrado en este momento. ¿Tienes un segundo?

Tomás: —Claro, ¿qué sucede?

Yo: —Acabo de dedicar ocho horas a un proyecto en el trabajo solo para darme cuenta de que los criterios han cambiado y que tengo que empezar de nuevo. Me siento muy estresado y frustrado en este momento y necesito un poco de ayuda para desahogarme.

Tomás: —Mmmm, deja ver si te entendí bien. Sientes frustración en este momento. ¿Acabas de dedicarle ocho horas a un proyecto del trabajo y luego te diste cuenta de que tienes que empezar de nuevo? También escuché que te sientes estresado y que querías hablar con a alguien que pudiera ayudarte a desahogarte. ¿Es correcto?

(No estoy exagerando. Así es verdaderamente como hablaba).

Bien, no es que sea un *error* usar este método (¡por lo menos sabía que me escuchaba!), pero no se sentía sincero. Honestamente, se sentía algo extraño. Me quedé pensando: "¡Es como si estuviera hablando en este momento con un agente de soporte técnico que estuviera leyendo un guión!".

Aun con sus buenas intenciones, este chico simplemente repetía lo que yo le decía sin conectarse con mis sentimientos. No me ayudaba que repitiera mis palabras casi con exactitud, esto es algo que hasta los expertos de la escucha reflexiva aconsejan evitar. No me sorprende el hecho de sentir falta de empatía y que nuestra conversación fuese insípida. La respuesta de validación que estaba esperando pudo haber sido algo como:

"¿Guau, le dedicaste *ocho horas* a eso? ¿Qué te pasó?". [...conversación...] "Cielos, lo siento, eso es muy frustrante".

La validación efectiva requiere empatía y comprensión emocional y, por lo tanto, se extiende más allá que la sencilla escucha reflexiva. Tenemos que hacer más que solo mostrar a los demás que oímos las palabras que están diciendo, tenemos que mostrarles que nos conectamos con las emociones que sienten.

CAPÍTULO 3 RESUMEN

Puedes validar cualquier emoción, tanto positiva como negativa. Aunque la validación de emociones difíciles puede conducir a relaciones más sólidas, saludables y satisfactorias, los estudios han demostrado que la validación de emociones positivas y compartir la exaltación, el orgullo, la felicidad, etc. de los demás puede resultar igualmente benéfica.

Puedes validar a cualquier persona, aunque no estés de acuerdo con ella. Cuando ofreces validación a alguien, básicamente estás diciendo: "Entiendo por qué te sientes de esa manera". Es muy diferente a decir: "Estás en lo cierto" o "Estoy de acuerdo". El punto clave de esto es que, si estuvieras en los zapatos de esa persona con la información, antecedentes y percepción de ellos, posiblemente te sentirías igual.

La validación es más que solo repetir lo que la otra persona está diciendo La simple reflexión de las palabras de otra persona, sin tratar de comprender la emoción que se esconde detrás, puede interpretarse como algo desconectado y poco auténtico. Aunque repetir lo que escuchaste es una herramienta valiosa, la validación muestra un entendimiento y una explicación de las emociones de la otra persona.

CAPÍTULO 4
TODO EMPIEZA CON LA EMPATÍA

"¿Podría ocurrir un milagro aún mayor para nosotros que mirarnos a través de los ojos del otro por un instante?".

Henry David Thoreau

Antes de entrar en el tema del Método de validación de cuatro pasos, es importante asegurarnos de que comprendemos bien lo que es la empatía, la cual es la base de una conexión genuina. La empatía es la capacidad de entender y compartir los sentimientos de otra persona. Cuando sentimos empatía por otra persona, nos colocamos en sus zapatos y sentimos lo que ellos están sintiendo. Intentamos entenderlos profundamente e imaginarnos por lo que están pasando.

LA EMPATÍA ES DIFERENTE DE LA SIMPATÍA

La simpatía es la sensación de cuidar o preocuparse por otra persona, y a menudo va acompañada por el deseo de verlos en una mejor situación o más felices. La simpatía implica observar la situación desde *afuera*, (por ejemplo, "siento mucho que estés triste"). La empatía significa entrar en la situación y sentir la emoción que conlleva (por ejemplo, "guau, esto *es* triste").

Cuando simpatizamos con algo, se produce un sentimiento de apoyo *por* alguien debido a su dolor. Cuando sentimos empatía, sentimos el dolor *con* la persona. Por ejemplo:

Simpatía	Empatía
"Lamento que no te sientas bien".	"Ahhh, la influenza no es nada divertida".

Simpatía	Empatía
"Lamento que estés frustrada. Espero que puedas resolver tu problema".	"¡Ahhh, eso es muy frustrante!".

En una conferencia presentada en el 2013, el autor e investigador, profesor Brené Brown ofreció un ejemplo que ayuda a ilustrar mejor la diferencia entre la simpatía y la empatía.

Imagínate por un momento que alguien acaba de caer dentro de un agujero oscuro. La persona mira hacia arriba y dice: "Estoy atrapado. Está muy oscuro. Me siento abrumado".

Brené Brown sugiere que una respuesta de simpatía sería mirar dentro del agujero y decir: "¡Guau! Eso está mal. "Lamento que estés ahí dentro. ¿Te gustaría un sándwich?".

En contraste, la respuesta de empatía sería bajar al agujero con la persona y decir: "Sé lo duro que es estar aquí. Es muy duro. Pero no estás solo".[4]

La validación efectiva existe solamente después de que nos hemos conectado con la otra persona y podemos comprender, por lo menos hasta cierto grado, lo que está sintiendo.

CONSEJOS PARA DESARROLLAR LA EMPATÍA

¿Tienes dificultades para sentir empatía por otra persona? Aunque no existe un método seguro para que todo el mundo lo desarrolle, los siguientes consejos podrían ayudar.

Consejo para la empatía #1: Desarrollar la curiosidad

Hazte las siguientes preguntas:

- "¿Qué antecedentes tiene esta persona? ¿Algunos asuntos en su pasado podrían estar influyendo en su reacción?".
- "¿Qué tal si alguien me hubiera hecho lo mismo? ¿Cómo me sentiría?".
- "A pesar de no haber tenido una experiencia similar, ¿hubiera sentido una emoción similar?".
- "¿Y si este fuera *mi* hijo/padre/trabajo/perro/etc.?".

Al formular preguntas como estas a veces se descubren uno o más elementos de las circunstancias de la otra persona que pueden tocar una fibra sensible en ti.

Consejo para la empatía #2: *Observa a la persona*

Haz una pausa, deja ir cualquier pensamiento que se te cruce por la mente y dedica un momento para realmente *ver* a esta persona que está frente a ti, a un nivel más profundo. Establece contacto visual. Reconoce que este es un ser humano con miedos, esperanzas, incertidumbres, dolor y felicidad. Reconoce que su vida puede ser más difícil que lo que hasta ahora conoces.

Esta puede ser una experiencia sorprendentemente poderosa si la efectúas con sinceridad. Dedicar un tiempo para reconocer que la otra persona puede estar dolida, o que puede estar especialmente emocionada o esperanzada por algún motivo, te ayudará a cambiar de perspectiva.

Consejo para la empatía #3: Imagina a esa persona como si fuera un niño

Esto puede sonar extraño, pero imaginarse a otra persona como un niño joven y vulnerable a veces facilita sentir sus emociones. Si te cuesta trabajo sentir empatía por tu compañero de habitación durante una situación vergonzosa (quizás piensas que debería "superarlo"), considera cómo te sentirías en su lugar si estuvieras observando a un niño de cuatro años parado ahí, lleno de miedo, vergüenza y pena en su rostro. He sido culpable de decirle a un amigo genuinamente asustado que se "comportara como un hombre", aunque nunca le hubiera dicho esto mismo a un niño de cuatro años que estuviera muerto de miedo.

Imaginarse a la otra persona como una versión más joven y vulnerable de ellos mismos, es una excelente manera para ayudar a que fluyan con mayor libertad los sentimientos de empatía.

Consejo para la empatía #4: Aprende a identificar tus propias emociones

No puedes sentir empatía hacia otra persona si no sabes cómo se está sintiendo. Y sin embargo, poder identificar con exactitud las emociones de otra persona no es siempre tan fácil como parece. La buena noticia es que puedes mejorar tu capacidad para reconocer las emociones de las demás personas si te habitúas a identificar las tuyas propias. De nuevo, esto puede parecer sencillo, pero es posible que te sorprendas.

Por ejemplo, ¿cómo te sientes ahora mismo?

Si eres como la mayoría de las personas, probablemente dirías, "bien".

Pero "bien" no es una emoción. Es la manera en la que *categorizas* tu emoción actual.

"Ok", dices, "me siento *bien*".

No. Esto aún no es una emoción.

"Bueno. Me siento *feliz*".

Ahora sí. La felicidad es una emoción, y es algo con lo que los demás se pueden relacionar. Si me dices que te sientes "bien", posiblemente asumiré que quieres decir que estás "contento", y eso puede ser acertado o no. Si me dices que te sientes "feliz", ahora tengo una idea mucho mejor de cómo te encuentras, con la que me puedo relacionar con mayor exactitud.

Una manera de practicar a identificar tus propias emociones es que coloques un recordatorio en tu teléfono para analizarlas contigo mismo varias veces durante el día. Luego, dedica ese momento para hacer una pausa, tomar nota de cómo te sientes e identificar esta emoción por su nombre. Mantente alerta contra las siguientes respuestas de escape:

- "Bien"
- "Excelente"
- "Mejor que ayer"
- "Todo bajo control"
- "Ok"
- "No muy bien"

Cuando utilices una palabra o frase de escape, profundiza para ver cuál es tu emoción real. Por ejemplo:

- "Bien" podría significar en realidad: feliz, agradecido, cómodo, contento, emocionado, lleno de energía, confiado o positivo.
- "Ok" podría significar: contento, cansado, desgastado o preocupado.
- "No muy bien" podría significar: asustado, adolorido, triste, solitario, preocupado, traicionado, enfermo, incómodo, ansioso o débil.
- "Mejor que ayer" podría significar cualquier cosa: feliz, cómodo, emocionado; o triste, ansioso, etc.

Aprender a identificar tus propias emociones mejorará tu capacidad de sentir empatía por los demás de dos maneras. Primero, aprenderás a ser hipersensible a las expresiones de escape cuando las demás personas las usen. Ahora detecto estas respuestas todo el tiempo. Puedo estar en el trabajo, en el supermercado, o en una salida con amigos y le pregunto a alguien cómo le va. Nueve de diez veces me responderían "bien", y siento una reacción casi automática para profundizar un poco más. "¿Solamente bien?". Pregunto a menudo. Su respuesta a mi seguimiento casi siempre es más genuina y detallada, lo cual prepara un escenario para una conversación más auténtica (y más disfrutable).

Segundo, formar el hábito de identificar tus propias emociones te ayuda a construir un catálogo de experiencias emocionales más amplio. Cuando alguien te dice que se siente avergonzado, podrás sentir más empatía si piensas en un momento específico en el pasado en el que te hayas sentido de igual manera. Si no te has habituado a identificar tus propias emociones, estas mismas experiencias de vergüenza podrían quedar archivadas en la carpeta de "malos sentimientos" en tu mente y será más difícil acceder a ellas.

Consejo para la empatía #5: Deja de juzgar tus propias emociones

Para poder sentir empatía por los demás, tienes que identificar *y aceptar* sus emociones sin juicio alguno. No es fácil hacer esto para los demás si todavía no tienes el hábito de hacerlo para ti mismo. Desafortunadamente, como ya lo habíamos dicho en el capítulo 2, muchos de nosotros crecemos pensando que debemos suprimir, evitar o ignorar algunas de nuestras emociones. Si detectas esta tendencia en ti mismo, tengo buenas noticias: ya estás en camino a cambiarla. Mientras más consciente te hagas del hábito, más fácil será cambiarlo.

La próxima vez que detectes una emoción, cualquier emoción, creciendo dentro de ti, comprueba si la suprimes, la evitas o la aceptas. ¿Cómo sabrás si la estás evitando? Simplemente busca declaraciones que la invaliden. ¿Te dices a ti mismo que "la ignores" o que "dejes de preocuparte"? ¿Tratas de convencerte de que "está bien"? Esos son indicadores de que has juzgado la emoción en vez de aceptarla. Una vez te has dado cuenta de que la estás evitando o reprimiendo, tienes la oportunidad de detenerte, hacer una pausa, y a su vez, practicar en aceptarla.

Cuando detectes que está surgiendo una emoción, trata de observarla de la manera más objetiva, como un científico observa una reacción:

> "Hombre, estoy molesto".
> "Huy, siento muchos celos en este momento".
> "Guau, realmente siento mucha tristeza".

Para obtener una mejor nota, hasta puedes practicar validarte a ti mismo:

> "Ok, estoy molesto. Tiene sentido. Me prometió llegar a tiempo y ya está quince minutos tarde. ¿A quién no le molestaría eso?".

Mientras más practicas en reconocer, aceptar y validar tus propias emociones, más fácil será desarrollar empatía y luego validar las emociones de los demás.

CAPÍTULO 4 RESUMEN

La empatía es diferente de la simpatía. La simpatía implica observar la situación desde *afuera*, (por ejemplo, "siento mucho que estés triste"). La empatía significa *entrar* en la situación de la otra persona y sentir la emoción junto *con* la persona (por ejemplo, "Guau, esto *es* triste").

Consejo para la empatía #1: Despierta tu curiosidad. Ahora te preguntas algo como: "¿Qué antecedentes tiene esta persona? ¿Algunos asuntos en el pasado podrían estar influyendo en su reacción?. ¿Qué tal si alguien me hubiera hecho lo mismo? ¿Cómo me sentiría? Como no he tenido una experiencia similar, ¿hubiera sentido una emoción similar?".

Consejo para la empatía #2: *Observa a la persona.* Dedica un momento para ver a la persona desde un nivel más profundo. Establece contacto visual. Reconoce que este es un ser humano con miedos, esperanzas, incertidumbres, dolor y felicidad. Reconoce que su vida puede ser más difícil que lo que hasta ahora conoces.

Consejo para la empatía #3: Imagina a esa persona como si fuera un niño. Trata de imaginar a la persona como si fuera un niño de cuatro años. Debido a que mostrar emociones se considera una señal de debilidad en muchas culturas, puede ser difícil mostrar empatía con adultos que estén pasando por momentos difíciles.

Imaginar a la persona como si fuera un niño pequeño puede ayudar a eliminar este estigma y facilitar un sentimiento de empatía genuina.

Consejo para la empatía #4: Aprende a identificar tus propias emociones. Entrena para identificar las emociones de las demás personas formando el hábito de identificar las tuyas. Programar un recordatorio en tu teléfono todos los días para revisar y hacer un inventario de cómo te estás sintiendo.

Consejo para la empatía #5: Deja de juzgar tus propias emociones. La próxima vez que detectes una emoción, cualquier emoción, creciendo dentro de ti, comprueba si la suprimes, la evitas o la aceptas. Mientras más practicas en reconocer, aceptar y validar tus propias emociones, más fácil será desarrollar empatía y luego validar las emociones de los demás.

PARTE II:

EL MÉTODO DE VALIDACIÓN DE CUATRO PASOS

INTRODUCCIÓN A LA PARTE II

Aunque el concepto de validación es relativamente sencillo, saber cómo implementarlo con efectividad en tu vida diaria puede ser un poco más difícil. El Método de validación de cuatro pasos es un método comprobado para dar validación y retroalimentación en casi todas las situaciones. He hecho un trabajo de ingeniería inversa de miles de experiencias exitosas de validación, y lo he reducido a cuatro pasos básicos. Cada paso está acompañado de varios principios clave que ofrecen consideración y dirección adicional.

El Método de los cuatro pasos es sencillo por su diseño, el cual permite que se aplique a todas las conversaciones e intercambios, desde los más rápidos y ligeros hasta los más largos y cargados de emociones. Debido a que todas las interacciones son exclusivas, la manera en la que tú implementes el método variará en cada caso. Sin embargo, en casi cada una de las situaciones el método de los cuatro pasos te ayudará a conectarte mejor y a apoyar mejor a la otra persona. Exploraremos varios ejemplos para implementar este método en la Parte III.

Al igual que montar bicicleta o tocar un instrumento, la capacidad de validación se convertirá en algo natural con la práctica. No tendrás que pensar siempre en "Paso 1... Paso 2.

INTRODUCCIÓN A LA PARTE II

. . Paso 3. . .", cada vez que hables con alguien. Con la práctica, este método fluirá de manera cómoda y natural y lo adaptarás sin pensarlo dos veces. Empecemos.

MÉTODO DE VALIDACIÓN DE CUATRO PASOS

1. Escuchar enfáticamente
2. Validar la emoción
3. Ofrecer consejo o motivación (si es adecuado)
4. Validar de nuevo la emoción

PASO 1
ESCUCHAR ENFÁTICAMENTE

"Una de las formas de respeto más sinceras es escuchar realmente lo que la otra persona tiene que decir".

Bryant H. McGill

Antes de validar a otra persona, primero tienes que comprender cómo se está sintiendo. Esto empieza escuchándola, pero también es necesario ir más allá de las palabras que dice e identificar las emociones que expresa. A esto se le conoce como escucha empática.

El autor y experto en mediaciones, Gregorio Billikopf, indica que la escucha empática "necesita que *acompañemos a la persona* en su momento de tristeza, angustia, autodescubrimiento, reto (¡o incluso gran alegría!)".[5] [El formato de cursivas fue agregado]

A medida que escuchas a las demás personas, utiliza las técnicas para generar empatía que se expusieron en el capítulo anterior. Hazte la pregunta: "¿Qué emociones veo en las personas? ¿Están enojadas? ¿Dolidas? ¿Emocionadas? ¿Confundidas? ¿Cómo me sentiría?".

PASO 1
ESCUCHAR ENFÁTICAMENTE

Aborda este asunto con curiosidad. Muestra tu interés haciendo preguntas que aclaren y comprueben si tus observaciones son exactas, tales como:

- "Eso pasó la semana pasada, ¿correcto?".
- "Entonces, ¿qué hiciste?".
- "Espera, ¿realmente te dijo eso?".
- "¿Cómo te sentiste?".
- "Pareces preocupado".
- "Te noto frustrado".

Mientras más entiendas la situación y la manera en que la otra persona está reaccionando, más efectiva será tu validación.

PRINCIPIOS CLAVE: ESCUCHA EMPÁTICA

Presta toda tu atención

En el mundo actual, rápido y conectado, existen docenas de distracciones que esperan nuestra atención. Puedes pensar que mientras *aparentes* que prestas atención en una conversación, está bien que tu mente se ocupe de otras cosas. No hay nada que sea más falso. Cuando no estamos presentes completamente, la otra persona se da cuenta.

¿Alguna vez has tenido la experiencia de hablar con alguien cuya mente estaba obviamente en otro lugar? Quizás miraba su teléfono, por encima de tu hombro, o veía la hora. Es difícil sentirte importante para esta persona en ese momento. Lo que sea que lo haya distraído es, en apariencia, más importante que lo que tienes que decir. Esta sensación no es agradable.

Olivia Fox Cabane, autora del libro *The Charisma Myth* (El mito del carisma), indica que "no solo la falta de presencia es visible, sino que también puede ser percibida como poco auténtica, la cual lleva a consecuencias emocionales peores. Cuando se te percibe como falso, es prácticamente imposible generar confianza, comunicación o lealtad".[6]

Si alguien te pide hablar cuando estás distraído o si no puedes tomar un receso, dilo y pregunta si puedes hablar con esa persona en otro momento. Podrías decir:

"Lo siento, estoy en medio de un proyecto estresante y no te podría prestar atención si habláramos en este momento. ¿Te puedo llamar en una hora? Quiero darte toda mi atención".

Cuando hables con esta persona, muéstrale toda tu atención. Cierra tu computadora, aunque tu pantalla esté en blanco. Quítate los audífonos, aunque no estés escuchando música. Apaga el televisor, aunque esté sin sonido. Todas estas pequeñas acciones ayudarán mucho a mejorar tu presencia. No solamente te ayudarán a evitar distracciones, sino que también mostrarán a la otra persona que te preocupas lo suficiente como para enfocarte por completo en ella.

Si te preguntas si estas acciones realmente marcan una gran diferencia, considera esto: las investigaciones han demostrado que tan solo la *presencia* de un teléfono inteligente puede reducir la calidad de una conversación, aunque este nada más se encuentre encima de una mesa. No es un chiste. En un estudio elaborado en el 2014 llamado "El efecto iPhone", los investigadores reunieron a 200 participantes y los invitaron a sentarse en una cafetería y hablar entre sí durante unos minutos. Los asistentes de la investigación observaron a

PASO 1
ESCUCHAR ENFÁTICAMENTE

distancia las conversaciones y prestaron atención especial si se utilizaba, tocaba o colocaba sobre la mesa un dispositivo móvil durante la conversación. Cuando se acabó el tiempo, se pidió a los participantes que respondieran a una serie de preguntas y declaraciones diseñadas para medir la sensación de conexión, preocupación empática y demás. Esto incluía: "¿Hasta qué punto tu pareja de conversación hizo un esfuerzo para comprender tus pensamientos y sentimientos?" y "Sentí que podía confiar verdaderamente en mi pareja de conversación".

¿Cuáles fueron los resultados?

Si cada uno de los participantes sacaba su teléfono o lo colocaba sobre la mesa, la calidad de la conversación se clasificó como menos satisfactoria comparado con las conversaciones que se llevaron a cabo con la ausencia de dispositivos móviles.[7] "Hasta cuando no se encuentran en uso activo, sonando, vibrando, en timbre o parpadeando (los dispositivos digitales) representan la red social más amplia de la persona", notaron los investigadores. "En su presencia, las personas sienten la urgencia constante de buscar información, verificar la comunicación y dirigir sus pensamientos hacia las demás personas y mundos".

Prestar atención de manera verdadera y auténtica es escaso en este mundo. Si realmente valoras a la persona con quien estás hablando, más que el último resultado deportivo o un nuevo mensaje de texto, *demuéstraselo*. Confía en mí, esto marcará una diferencia.

Invita a la otra persona a abrirse

No siempre es fácil acercarte a alguien y decirle: "Me siento frustrado en este momento. ¿Puedo hablarlo contigo?". En vez de esto, muchas personas "insinúan" que quieren hablar, utilizando comentarios tales como: "Me siento muy frustrado ahora", o "Ahhh, ha sido una semana muy difícil".

En otros casos, el lenguaje corporal y la energía general de la persona te darán una señal de que algo ocurre. Si estás en un lugar agradable y con deseos de ayudar, puedes mostrar a la persona que deseas escucharla con una sencilla invitación:

- "Te ves molesto. ¿Qué sucede?".
- "¿Quieres que hablemos?".
- "¿Qué te pasa?".

Si la otra persona desea validación y apoyo, una invitación casual como esta es a menudo lo único que necesita para empezar a hablar. Si después de un poco de motivación todavía no desea hablar, no insistas. Ya le has mostrado que deseas escucharla, lo cual ya es en sí un regalo.

Mantente observando

Cuando se trata de comunicaciones, no podemos (ni debemos) confiar exclusivamente en las palabras que dice la otra persona. Los expertos en comunicaciones sugieren que hasta un 70% de nuestra comunicación es no verbal, lo que significa que se transmite a través del lenguaje corporal, tono de voz, etc.[8]

Es muy posible que alguna vez hayas dicho algo cuando en realidad sentías otra cosa. Esa pequeña voz en nuestras cabezas a veces nos dice que debemos cambiar ligeramente la verdad para evitar molestar u ofender a las demás personas. Como resultado, dices: "Estoy bien", cuando en realidad no es así. Aceptas ayudar a un amigo, diciendo: "Claro que sí, lo haré", y

PASO 1
ESCUCHAR ENFÁTICAMENTE

luego te entristece saber que vas a llegar tarde al trabajo. Le dices a tu cónyuge que "no es un gran problema" el haberse comido el sobrante de tu pastel, aunque sientas un deseo profundo de estrangularlo.

Debido a esta tendencia, es útil prestar atención a las expresiones, tono de voz y lenguaje corporal de las personas mientras te hablan. ¿Lo que ves y sientes va de acuerdo con lo que te están diciendo? ¿Tus observaciones te ofrecen una consideración adicional sobre lo que podrían estar sintiendo?

Una vez salí a cenar con una mujer que compartió algunas pequeñas experiencias de una niñez muy difícil. Nunca dijo "fue horrible", ni tampoco "fue muy difícil". Describió algunos hechos mientras sonreía.

No tenía que decir "me sentí abandonada", ni tampoco "sentí un dolor increíble". Lo podía ver en sus ojos. Traté de sentir empatía por ella, imaginando la dificultad de lo que acababa de compartir conmigo.

—Eso debió haber sido *verdaderamente* duro —dije, sintiendo una mezcla de tristeza y respeto.

—Sí —admitió, haciendo una pequeña pausa —, lo fue.

La conversación cambió rápidamente a temas más alegres, pero al dedicar un momento para ir más allá de las palabras y conectarme con sus emociones, nuestra amistad se hizo un poco más sólida.

Iguala su energía

Imagina por un momento que acabas de ganar un crucero para dos en una rifa en línea. (Imagina que es legítimo, no es uno de esos engaños telefónicos). Emocionado, fuera de ti, te acercas a un amigo en el trabajo.

—¡No lo vas a creer! —exclamas—. ¡Acabo de ganar un viaje con todos los gastos pagados al Caribe!.

—¿En serio? —responde tu amigo con menos energía y emoción de lo que esperabas.

—¡Sí! ¡No puedo creer que realmente lo gané! ¡Nunca gano nada!.

Con una media sonrisa y una expresión que muestra obviamente que no le importa, tu amigo dice: —Guau, eso es increíble. Felicitaciones.

Eso es un poco desilusionante, ¿cierto? En verdad no importa lo que te dijo tu amigo, pero si lo dijo con poco entusiasmo, te sentirás desilusionado. Aunque se sintiera feliz por ti genuinamente, el hecho de no haber igualado tu energía (en este caso, tu emoción) te hace pensar que en realidad no le importa.

Esto es consistente con los resultados del estudio que presenté en el capítulo cuatro, en donde los investigadores descubrieron que las reacciones de apoyo pasivas (por ejemplo, el apoyo callado y poco enfático) eran tan dañinas para una relación como lo son las reacciones activamente destructivas (por ejemplo, el menosprecio deliberado de los pensamientos o sentimientos de la otra persona).

Igualar la energía de la otra persona es una parte crítica de una validación efectiva. Si la persona está emocionada, entonces sonríe, ríete y comparte la emoción. Si la persona está triste, entonces sé respetuoso y háblale de una manera más suave y compasiva. Muchas personas aplican este principio con naturalidad, pero es fácil olvidarlo cuando estás distraído, estresado o preocupado. Al igualar la energía de la otra persona, te verá como alguien más presente y conectado con lo que dice y siente.

PASO 1
ESCUCHAR ENFÁTICAMENTE

Ofrece microvalidación

La microvalidación es un comentario o respuesta corta que afirma la validez de las emociones, opiniones, etc. de la otra persona. Estos comentarios sencillos y rápidos hacen saber a la otra persona que sigues lo que dice, que no lo juzgas y que es seguro compartir cosas contigo. Al igual que igualar la energía, la mayoría de las personas hace esto de manera automática.

La microvalidación es algo como lo siguiente:

- "¿En serio?".
- "Ah, Sí. ¡Yo también estaría enojado!".
- "Guau, eso debe ser muy frustrante".
- "Tiene sentido".
- "¡Eso es muy emocionante!".
- "De ningún modo".
- "Puedo ver eso".
- "Guau, eso tiene que haber dolido".
- "Puedo ver la manera en que esto sería confuso".
- "¡Felicitaciones! ¡Eso debe sentirse muy bien!".

La meta aquí es mantener los comentarios cortos para que no se sientan como un intento de interrumpir o tomar el mando de la conversación.

Tan insignificantes como puedan parecer estos comentarios, juegan un papel importante para hacer que la conversación fluya. Imagínate hablar con alguien que no reaccione en lo absoluto a lo que le dices. Es algo parecido como a hablar con una pared y, por supuesto, no lo harás durante mucho tiempo.

La microvalidación permite que la otra persona sepa que le prestas atención y la estimula a seguir compartiendo. También fomenta una sensación de seguridad y confianza. La persona se abre a ti en algún nivel (tanto si es positiva como negativa la experiencia), y la microvalidación la ayuda a sentirse segura al hacerlo.

No intentes repararlo

Si alguien se desahoga o comparte una experiencia negativa, no cedas al impulso de darle consejos a menos que te los pida. De igual modo, resiste el deseo de indicar detalles sobre la manera en que la situación podría ser peor. **Este es, por mucho, el error más común que comete la gente.** Como lo dijimos anteriormente, las declaraciones como las siguientes, sin importar tus buenas intenciones, *invalidan* la experiencia de la otra persona:

- "¡Eso no es cierto, te ves excelente!".
- "He aquí lo que debes hacer...".
- "No te preocupes por lo que piensen",
- "A ver, ¡solo déjalo ir! No vale la pena permitir que te arruine el día".
- "Todo saldrá bien al final".
- "Podría ser peor".
- "No te preocupes. Algún día conocerás a la persona correcta".

Ofrecer consejo o seguridad no solicitados, especialmente antes de validar las emociones de la otra persona, trivializa su experiencia. Sugiere que: 1) piensas que no debe sentirse de la manera en que se siente, y 2) sabes cómo resolver el problema

PASO 1
ESCUCHAR ENFÁTICAMENTE

mejor que la otra persona. Aunque realmente *sepas* cómo resolverlo, este no es el momento de decirlo. Sin embargo, es posible que no valga la pena molestarse tanto por lo sucedido, la realidad es que la otra persona *está* molesta y necesita que alguien entienda por qué.

Es mucho más fácil decirlo que hacerlo, pero si aprendes a no dar consejos marcarás una gran diferencia en el grado de confianza y seguridad que se crea en tus relaciones. Esto no quiere decir que en una conversación no puedes hacer comentarios o dar consejos, es que simplemente no es el mejor momento. Tendrás una oportunidad para dar consejos, retroalimentación o seguridad en el paso 3, y si esperas hasta ese momento aumentará tu oportunidad de que te escuchen.

PASO 1 RESUMEN

Préstale toda tu atención. Si estás distraído, haz que la otra persona lo sepa y pídele que hablen en otro momento. Cuando estés disponible para hablar, cierra tu laptop, apaga la tele y mantén tu atención enfocada en la conversación.

Invita a la otra persona a abrirse. Si sospechas que alguien quiere hablar contigo, pero no se siente cómodo para iniciar la conversación, intenta una pregunta sencilla como: "Pareces molesto. ¿Qué sucede?".

Observa bien. Hasta un 70% de nuestras comunicaciones son de tipo no verbal. Presta mucha atención al tono de voz y al lenguaje corporal de la otra persona para entenderla mejor.

Iguala su energía. Si la otra persona está feliz o emocionada, entonces sonríe, ríete y comparte la emoción. Si está desilusionada o triste, entonces sé respetuoso y háblale de una manera más suave y compasiva.

Ofrece microvalidación. Ofrece comentarios cortos tales como: "¡No es posible!", "¿En serio?" o "Yo me sentiría igual", para ayudar a que la otra persona se sienta cómoda con lo que comparte. Esto le hará saber que la escuchas sin juicios y que ves las cosas desde su perspectiva.

No intentes repararlo. Evita ofrecer consejos, retroalimentación o seguridad hasta el paso 3. Evita comentarios como: "Por lo menos",. . "Deberías". . . o "Eso no es cierto".

PASO 2
VALIDAR LA EMOCIÓN

"Lo más importante en la comunicación
es escuchar lo que no se dijo".

Peter Drucker

Una vez ocurra una pausa en la conversación y la otra persona haya terminado de compartir, pon en práctica el paso 2 y ofrece una validación más directa. Recordarás del capítulo 2 que las respuestas validan, reconocen o dan valor a los comentarios o emociones de la otra persona al:

1. Identificar una **emoción específica**
2. Ofrecer **justificación por sentir esa emoción**

Si dices: "Entiendo que estés preocupado", estás ofreciendo validación simple y le muestras a la otra persona que la escuchas y la comprendes. Si entonces le muestras a la otra persona que entiendes *por qué* se siente preocupada, el efecto de esa validación se multiplica. Por ejemplo: "Entiendo que

PASO 2
VALIDAR LA EMOCIÓN

estés preocupado. Sería muy difícil no estarlo, dada la situación".

Considera los siguientes ejemplos adicionales:

- "¡En serio, me siento muy feliz por ti! Le dedicaste *mucho* trabajo a esa presentación. ¡Debe sentirse increíble lo bien que te fue!".
- "Tienes todo el derecho de sentirte frustrado. Yo me volvería loco si tuviera que dedicar cuatro horas a algo para darme cuenta al final de que iba todo el tiempo en la dirección equivocada".
- "Entiendo por qué estás confundida. La semana pasada te dije una cosa y hoy te digo algo que es totalmente diferente".
- "Entiendo por qué eso te duele. Mírate, era el momento más feliz de tu vida y tu amigo no estuvo para apoyarte. Posiblemente, sentiste como si a él no le importara".

PRINCIPIOS CLAVE: VALIDAR LA EMOCIÓN

No intentes repararlo todavía

Es cierto, esta es la repetición del principio del paso 1. Todavía aplica. Lo incluyo de nuevo porque dar directamente un consejo o seguridad aún es la tentación más fuerte para, bueno, prácticamente todo el mundo.

No tienes que estar de acuerdo para validar

Ya hablamos de esto anteriormente, pero recuerda que no tienes que estar de acuerdo con la otra persona para validarla. Si sientes que la persona no ve las cosas de manera correcta, no pretendas que estás de acuerdo, pero todavía no le digas que estás en *desacuerdo*. Por lo contrario, intenta comprender por qué siente cómo siente, y valida eso. Trata de ver las cosas desde su perspectiva. Si solo escuchas su parte de la historia, hay una buena oportunidad de que reacciones de manera similar.

Por ejemplo, digamos que un colega se queja contigo por haber sido ignorado para un ascenso.

—No lo entiendo —dice— ¡merezco ese ascenso más que Daniela! ¡He estado aquí casi el doble de tiempo!.

Eres parecido a mí, tu primera reacción sería retar ese comentario. ¿En realidad piensa que se merece un ascenso simplemente porque ha trabajado más tiempo en la empresa? ¡Ah, se siente con derechos! Pero, hagamos una pequeña pausa y pongámonos en sus zapatos.

¿Cómo te sentirías en esta situación? ¿Frustrado? ¿Confundido? ¿Enojado? ¿Avergonzado? ¿Quizás todo esto al mismo tiempo? Sería confuso y desilusionante pensar que eras el siguiente en la lista y luego un miembro más nuevo del equipo se lleva el ascenso antes que tú. Aunque *tú mismo* no pienses que esta persona merece ese ascenso, por lo menos puedes entender por qué se siente de esa manera. En este paso, es importante evitar los juicios y opiniones y enfocarte exclusivamente en la validación. Hacer esto en esta situación: 1) reducirá la posibilidad de entrar en una discusión, y 2) mejorará la voluntad de escucharte cuando *compartas* tu perspectiva en el Paso 3.

PASO 2
VALIDAR LA EMOCIÓN

Podrías validar a tu colega, sin sugerir que merece la promoción, diciendo algo como: —Entiendo por qué estás molesto. ¡Has estado aquí más tiempo que todos! Es difícil ver que otra persona recibe ese ascenso.

¿No estás seguro de lo que él siente? Pregúntale.

Si te cuesta trabajo descubrir lo que la otra persona siente (quizás tiene el hábito de esconder o reducir la importancia de sus propias emociones), simplemente, pregúntale. Es necesario cierto grado de delicadeza para no sonar como un psiquiatra (por ejemplo, "¿cómo te *sientes* al respecto?"), pero las dos técnicas siguientes pueden ayudarte a identificar las emociones de una persona sin sonar como si fueras un psicoanalista.

Opción 1: El método de "mantenerlo casual"

En este método, pregúntale directamente a la persona lo que está sintiendo, pero de una manera casual, no intimidante. Esto requiere pequeños ajustes para evitar sonar como un terapeuta:

- "Entonces, ¿cómo te hace sentir todo esto?".
- "Ahhh. ¿Y cómo te hizo sentir *eso*?".

Sencillo, pero efectivo.

Opción 2: El método de "adivinar o preguntar"

En este método menos directo, menciona algunas emociones que creas que siente en forma de pregunta:

- "Entonces, ¿te sientes frustrado? ¿Confundido? ¿Enojado?".
- "Entonces, ¿debes estar emocionado? ¿Nervioso? ¿Una mezcla de ambos?".

Esta técnica presenta dos beneficios. Primero, muestra a la otra persona que la escuchas y que tratas de conectarte con ella. Segundo, les ayuda a identificar sus emociones, las cuales, al final, te ofrecerán algo que puedes validar. El método de "adivinar o preguntar" funciona de manera similar a alguno de los siguientes:

Tú: —Entonces, ¿te sientes frustrado? ¿Confundido? ¿Enojado?.

Amigo: —Sí, estoy frustrado porque siento que, sin importar lo que digo, no me toman en serio.

Tú: —No te culpo. Eso a mí me volvería loco.

Si tu percepción de lo que la persona siente no es exacta, muy posiblemente te corregirá y ofrecerá una aclaración:

Tú: —Entonces, ¿te sientes frustrado? ¿Confundido? ¿Enojado?

Amigo: —No, en realidad no me importa en lo absoluto. Creo que me siento traicionado, ya que me prometió que no haría eso.

Tú: —Eso tiene mucho sentido. Yo me sentiría igual.

PASO 2
VALIDAR LA EMOCIÓN

Si puedes relacionarte con eso, haz que lo sepa

Si te puedes relacionar con lo que la otra persona comparte contigo, el paso 2 es un buen momento para se lo hagas saber. Si lo haces con tacto, puede fortalecer tu validación y ofrecer mayor confianza y conexión.

Una pequeña advertencia: Si la persona comparte contigo una emoción o experiencia difícil, evita la frase: "Sé *exactamente* cómo te sientes", aunque creas que es cierto. Mejor considera frases como: "Me he sentido de manera similar cuando..." o "Me puedo relacionar con eso que sientes".

Expresar que sabes "exactamente" cómo se siente una persona, casi siempre la pone a la defensiva. Si no lo crees, pon atención a tu reacción la siguiente vez que alguien te lo diga a ti. Aún si lo dices con la mejor de las intenciones, es sorprendente porque es un comentario de *in*validación.

De hecho, en realidad, nadie sabe con exactitud cómo se siente otra persona. Nuestros pensamientos y emociones son el resultado de millones de experiencias de vida, hasta el punto en que virtualmente es imposible que dos personas tengan *con exactitud* los mismos pensamientos o reacciones. Si te puedes relacionar con el otro, simplemente evita la palabra "exactamente" y tu posición será buena. Es un pequeño cambio, pero cuando las emociones son fuertes, el diablo se encuentra en los detalles.

Hace algunos años, un amigo se acercó a mí lleno de emociones intensas después de un doloroso rompimiento. El dolor y frustración que expresó me eran muy familiares, mientras yo reflexionaba un poco sobre mi propio rompimiento reciente. Al darme cuenta de que podía relacionarme con lo que él decía, seguí escuchando hasta que terminó de compartir, y luego le respondí lo siguiente:

—Lo siento. Eso es realmente duro. Puedo relacionarme con tus sentimientos. Se parece mucho a lo que sentí cuando rompí con Sara. Cada vez que me encontraba con ella, se me revolvía el estómago y deseaba más que nada estar juntos de nuevo. Los siguientes fines de semana fueron *horribles*. Es duro sentir que empiezas de cero otra vez, ¿cierto?

Compartir mi propia experiencia ofreció validación porque las emociones que experimenté se parecían mucho a las que mi amigo sentía. Pero, ten en cuenta lo rápido que expresé mi experiencia, y luego me enfoqué de nuevo en mi amigo haciéndole una pregunta. Esto es importante cuando compartes tu propia experiencia. Si hubiera terminado con: "Los siguientes fines de semana fueron horribles", el enfoque se hubiera mantenido en mí haciendo difícil que compartiera más cosas conmigo.

Cuando usas una experiencia personal para validar, que sea breve, enfócate en las emociones y experiencias con las que más te relacionas y después devuelve el enfoque hacia la otra persona.

Si *no* puedes relacionarte con ello, haz que lo sepa

Aunque es cierto que una experiencia similar te puede ayudar a relacionarte y a sentir empatía por la otra persona, esto no es necesario. Aunque no lo creas, reconocer el hecho de que *no te* puedes relacionar con el tema, es una de las cosas de mayor validación que puedes decir. ¿Por qué? Porque muestra respeto

PASO 2
VALIDAR LA EMOCIÓN

y aprecio por la otra persona y por su situación. Es lo opuesto de "sé exactamente cómo te sientes", y esto es una validación sorprendente.

Para validar de esta manera, reconoce las emociones que la otra persona ha expresado y piensa en cómo te sentirías si estuvieras en la misma situación.

Por ejemplo, aunque nunca hayas tenido que lidiar con la muerte de uno de tus propios hijos, casi con seguridad te puedes imaginar, por lo menos hasta cierto grado, los sentimientos de desesperación tan pesados, anhelo, arrepentimiento, ira y miedo que podrían acompañar a este tipo de pérdida. Puedes ofrecer validación y mostrar respeto con comentarios tales como:

- "Honestamente, no sé qué decir. Solo me puedo imaginar lo doloroso que debe ser".
- "Oh, Dios mío. Lo siento mucho. Ni siquiera puedo imaginarme lo que tienes que estar pasando en este momento".

Este es el método que utilicé con la situación que compartí en la introducción de este libro. La mujer con la que había salido atravesaba una época difícil con el divorcio de sus padres, lo cual era algo que no me había sucedido a mí. En vez de fingir que sabía lo que le ocurría, reconocí que no lo sabía. Cuando vio que respondí con validación en vez de consejos, rápidamente rompió el hielo y pudimos conectarnos a un nivel mucho más profundo.

El poder de este tipo de validación es increíble. No solo se trata de validar las emociones de la otra persona, sino que también muestra respeto por no reducirle importancia. Admitir que no sabemos exactamente cómo se siente la otra persona, la ayuda a sentirse segura para confiar en nosotros. Se da cuenta que puede sentirse vulnerable contigo sin encontrarse con juicios o presiones para resolver el problema.

Di la verdad

De vez en cuando los amigos o familiares se acercan a nosotros con vergüenza, arrepentimiento, frustración, etc. porque han cometido un error, han fallado en el desempeño o simplemente se encuentran en un momento difícil. En estas situaciones, es tentador adornar la verdad para evitarles más dolor. Esto a veces resulta cuando le decimos a la otra persona: "¡Lo hiciste muy bien!", cuando en realidad no fue así, "Pienso que salió bien", cuando no es cierto, o "No sabe lo que está diciendo", cuando sabemos que sí lo sabe.

El problema de no ir directo al grano o con adornar un poco la verdad es que la otra persona seguramente *conoce* la verdad y puede darse cuenta que no estamos siendo honestos. De nuevo, se acercó a nosotros porque busca validación, no en busca de ayuda para esconder emociones incómodas.

Cuando te encuentras con esta situación, reconoce la verdad y la dificultad de la situación. Puedes tratar el tema con tacto, pero no tienes que mentir. Considera el siguiente ejemplo de Mateo, un estudiante de preparatoria de diecisiete años que se encontró en una situación difícil durante su partido de fútbol de campeonato.

Mateo es un excelente jugador, a menudo con puntuación de varios goles por partido. En este partido en particular, se dejó influenciar por unos jugadores del equipo opuesto. En su primer intento de gol en el partido, Mateo resbaló justo antes de patear la pelota y falló por completo al hacer el contacto. El equipo opuesto se reía, lo molestaba, lo acosaba, lo cual, al

PASO 2
VALIDAR LA EMOCIÓN

cabo de un rato, empezó a afectarle. Mateo intentó varios disparos al arco, pero falló todas las veces. Permitió que el equipo opuesto ganara la pelota más a menudo de lo normal. Su entrenador lo sacó por un rato para ayudarle a recuperarse, pero mientras se mantenía sentado en las gradas, la negatividad y la frustración de su mal desempeño le pesaba cada vez más. Su equipo perdió el partido y Mateo se retiró pensando que había sido completamente su culpa.

Cuando se acercó a su papá fuera del campo de juego, dirigió su mirada al piso y sacudió su cabeza. —Acabo de hacer que mi equipo perdiera el condenado campeonato.

¿Qué respuesta le darías? Si eres como la mayoría de las personas, inmediatamente le responderías con compasión: "¡No, no es así! ¡Hiciste un excelente trabajo!".

Sin embargo, aquí hay dos problemas. Primero, esta es una declaración de invalidación. ¿Pudiste captarla? Responder de inmediato con un, "no es así", descalifica los sentimientos que Mateo acaba de expresar, en vez de darle el espacio necesario para sentirlos.

Segundo, Mateo *no hizo* un buen trabajo, y él mismo lo sabe. Como resultado, descartará cualquier sugerencia de lo contrario, sin importar la buena intención que esta tenga. ¿Es el único responsable por haber perdido ese partido? No. ¿Hizo su mejor esfuerzo? Por supuesto que sí. Pero, ¿jugó bien? Particularmente, no, *y eso está bien*. Es un ser humano. Todos tenemos días malos. Sin embargo, si intentamos descartar o cambiar sus emociones, reforzamos la idea de que *no* está bien cometer errores y sentirnos frustrados.

Una respuesta de mayor validación sería la siguiente:

Papá: —Lo siento, Mateo. Definitivamente fue un juego difícil.

Mateo: —¡No puedo creer que ni siquiera pude obtener *un solo disparo* al arco!

Papá: —Tu juego de hoy no fue de clase A, y a veces no hay nada que puedas hacer al respecto. Yo me sentiría igual de frustrado. Y espero que te des cuenta de que haber perdido no fue totalmente por tu culpa.

Mateo: —Lo sé, pero no puedo creer que perdí mi compostura de esa manera.

Papá: —¿Que quieres decir?

Mateo: —¡Me dejé sugestionar por los otros jugadores!

Papá: —¿Qué sucedió?

Mateo: —Todo fue por culpa de ese estúpido primer disparo al arco. ¡El otro equipo no me dejó tranquilo con ese tema durante todo el partido, y no pude dejar de pensar en ello! Me sentí humillado.

Papá: —Lo siento, Mateo. Eso fue bochornoso. Y además fue muy frustrante no superarlo.

Nota la manera en que el papá de Mateo reconoció el hecho de que Mateo no jugó bien, a la par que le mostraba empatía. Es más posible que su respuesta se alineara bien con lo que Mateo se decía a sí mismo (por ejemplo, "no jugué bien y es horrible"), la cual lo ayudaría a sentirse escuchado y validado. Su papá también entendió *por qué* Mateo no jugó su mejor

PASO 2
VALIDAR LA EMOCIÓN

partido, y validó el hecho de que haber cometido un error frente a sus compañeros era algo difícil de olvidar.

Mantener la honestidad y sinceridad de tu validación no solamente mejora su efectividad, sino que también aumenta la confianza en la relación. Si tu amigo siempre te dice que hiciste un excelente trabajo, cuando obviamente no fue así, tú mismo te inclinarías a descalificar sus elogios. "Siempre dice lo mismo", te dirías a ti mismo aun cuando realmente él piense que lo hiciste bien.

En contraste, si ese mismo amigo no tuviera miedo de decirte que no quedó impresionado, un elogio de su parte tendría mucha más validez. Sentirías la confianza de que es genuino, lo que haría esta calificación mucho más agradable.

Ser honesto y con tacto al mismo tiempo en tu validación es más fácil decirlo que hacerlo, pero vale la pena intentarlo y con el tiempo, recibes dividendos.

PASO 2 RESUMEN

Validar la emoción. Una vez ocurra una pausa en la conversación y la otra persona haya terminado de compartir, ofrece una validación más completa. La mejor manera de hacer esto es: 1) reconocer las emociones que acaba de expresar, y 2) ofrecerle justificación por sentir esas emociones.

Valida, aunque no estés de acuerdo. No solamente es posible validar a alguien con quien estás en desacuerdo, sino que esto también trae ventajas. Cuando validas a la otra persona, esta expresará de manera significativa mayor probabilidad de escuchar una opinión o un consejo que sea diferente. Una vez muestres que realmente la *escuchaste*, habrá una mayor posibilidad de que la persona te escuche *a ti*.

¿No estás seguro de lo que siente la otra persona? Pregúntale. Una pregunta sencilla como: "¿Me imagino que estás muy molesto?" o "¿Cómo te sientes al respecto?", a menudo es suficiente para recibir la aclaración que necesitas para ofrecer la validación.

Si te puedes relacionar con eso, haz que lo sepa. Usa frases tales como: "Me suena familiar" o "Tuve una experiencia similar", en vez de "Sé exactamente cómo te sientes". Asegúrate de que te enfocas de nuevo en la persona después de que compartiste tu experiencia.

Si *no* puedes relacionarte con eso, haz que lo sepa. Reconocer que no has experimentado lo mismo que la otra persona y que no sabes exactamente cómo se siente puede resultar una validación increíble.

Di la verdad. Resiste la tentación de mentir para lograr que la persona se sienta mejor. En vez de esto, reconoce la verdad, valida sus emociones, luego ofrece consuelo y seguridad en el paso 3.

PASO 3
OFRECER CONSEJO O MOTIVACIÓN (SI ES ADECUADO)

"Cuando sostienes la verdad, debes presentarla con amor, o el mensaje y el mensajero serán rechazados".

Mahatma Gandhi

Cuando hayas escuchado y validado a la otra persona, estarás en una buena posición para ofrecer consejo, comentarios o motivación, si es adecuado.

¿Qué significa "si es adecuado"? No todas las situaciones ameritan tus comentarios. De hecho, así es para la mayoría de las oportunidades de validación diarias. Cuando te encuentras con la oportunidad de brindar consejos, es importante que primero determines si la persona está abierta para recibirlos.

Evita ofrecer consejos no solicitados

Es fácil asumir que cuando alguien se desahoga contigo, también está buscando consejos. Sin embargo, como lo hemos tratado en capítulos anteriores, a menudo no es el caso. Por

PASO 3
OFRECER CONSEJO O MOTIVACIÓN
(SI ES ADECUADO)

esta razón, lanzarse a dar consejos no solicitados puede causar que la otra persona se cierre, se irrite o se coloque a la defensiva. Piensa en algún momento en el pasado cuando alguien empezó a decirte lo que debías hacer, cuando realmente lo único que necesitabas era que alguien te escuchara. ¿Te ha sucedido? A la mayoría de nosotros, sí. Para no cometer la misma ofensa, utiliza alguno de los dos métodos siguientes para ver si la otra persona está abierta a recibir comentarios.

Método #1: Pregúntale qué desea recibir de ti

Si una persona compartió una emoción o experiencia difícil contigo, pero no te pide ayuda, di algo como:

- "¿Cómo te puedo ayudar?".
- "¿Hay algo que yo pueda hacer?".

Lo más frecuente es que desee saber lo que piensas. Sin embargo, puedes descubrir que tu escucha y validación era lo único que realmente necesitaba. Podría decirte: "Bueno, me ayudó que me escucharas" o "¿Sabes qué? Creo que ya encontré la solución. Gracias por dejar que me desahogara". Es increíble lo rápido que las personas pueden resolver sus problemas cuando se sienten escuchadas y validadas.

Método #2: Pide permiso para compartir tus pensamientos

Si te gustaría hacer algún comentario y no deseas esperar a que la otra persona lo solicite, intenta una variación de lo siguiente:

- "Tengo algunas ideas sobre eso. ¿Las puedo compartir contigo?".
- "¿Te gustaría saber mi opinión?".
- "¿Te podría dar mi punto de vista?".
- "¿Puedo compartir mi opinión?".

Cuando solicitas el permiso antes de compartir tu opinión, muestras respeto por la otra persona, por sus emociones y por el hecho de que son inteligentes y capaces en su derecho. Si te dan permiso de hacer comentarios, estarán mucho más abiertos a escucharlos, aunque les resulte difícil. Si no te dan permiso, respeta su respuesta y guarda estos consejos para otra ocasión.

Hay excepciones a esta regla

Aunque pedir permiso para dar consejo se recomienda en casi todas las situaciones, habrá oportunidades en las que ofrecer comentarios no solicitados será lo adecuado o incluso necesario. Las dos situaciones siguientes son excepciones comunes, pero de ningún modo son las únicas. Mantener el principio de "pedir permiso" en tu mente, pero evaluar cada situación según ocurra.

Excepción #1: Cuando eres maestro de niños

Los padres tienen la responsabilidad de proteger, apoyar y enseñar a sus hijos, tanto si los hijos desean o no recibir comentarios de retroalimentación. Aunque sigue siendo valioso escuchar y validar a los niños antes de darles consejos, no es necesario recibir la autorización de tu hijo de cuatro años para sugerirle que no toque la estufa caliente. De manera

PASO 3
OFRECER CONSEJO O MOTIVACIÓN
(SI ES ADECUADO)

similar, si tu adolescente se mete en problemas, tienes la responsabilidad de advertirle sobre su comportamiento tanto si te pide consejo o no.

Esto no significa que *no puedas* pedirle permiso a un niño. Incluso para los niños pequeños, el hecho de pedirles permiso para compartir tus pensamientos les ofrece una oportunidad de solicitar ayuda bajo su libre albedrío, lo cual a menudo los hace más receptivos. Si te dicen que no, siempre puedes ofrecerlo de todas maneras.

Cuando se trata de ofrecer consejos a jóvenes adultos (por ejemplo, de dieciocho años en adelante, casados o viviendo solos), es mejor preguntar. Hacer esto demuestra respeto y confianza y puede ayudar mucho a establecer una relación saludable.

Excepción #2: Cuando la queja o la ira está dirigida hacia ti

Una segunda excepción de este principio es cuando la otra persona está molesta o hace acusaciones sobre *ti*. En estas situaciones, puedes tener que aclarar la situación, tus intenciones o tu posición, tanto si te la piden como si no.

Aún en estas situaciones tensas, puedes validar a la otra persona si usas los pasos 1 y 2: Escuchar empáticamente y Validar la emoción. Si se sienten escuchados, aunque no estés de acuerdo con lo que estén diciendo, puede ayudar mucho a aliviar la tensión en la conversación. También aumenta la posibilidad de que la persona escuche tu versión de la historia. Nunca hace daño pedir permiso para compartir tu punto de vista (por ejemplo, "veo las cosas de manera diferente. ¿Te puedo explicar?"). Pero si la respuesta es no, puedes compartirla de todos modos. Debido a que estas situaciones pueden ser especialmente difíciles, observemos un ejemplo.

Digamos que estás en el trabajo y un colega de otro departamento se acerca a ti, claramente molesto. Se le pidió ayuda a tu equipo para la creación de material para una reunión con uno de sus clientes y han trabajado muy duro para cumplir con una fecha casi imposible. La noche anterior, el vicepresidente (el jefe de tu colega) habló contigo directamente para informarte que, debido a un cambio en el programa del cliente, ahora tu equipo tiene una semana más para prepararse. Sin embargo, tu colega nunca recibió este memorando y esperaba recibir la presentación solicitada.

Colega: —¡Te dije que necesitaba esa presentación ayer en mi bandeja de entrada y todavía está vacía! ¡Pensé que tenías bien claro que esta reunión es clave para mantener nuestra relación comercial! ¿Cómo se supone que haga mi trabajo si no puedes enviarme las cosas a tiempo?

Huy. Tú y tu equipo dejaron a un lado todos los demás proyectos para cumplir con esta presentación y no la hubieras entregado si su jefe no te hubiera dado una extensión. Aunque tengas la capacidad inhumana de mantenerte calmado bajo cualquier circunstancia, tu sangre en este momento casi hierve y no aguantas las ganas de corregir a ese colega.

Sin embargo, lanzar tu respuesta y poner a tu colega en su lugar sería maravilloso en este momento, pero eso no ayudará a tu relación. Si en vez de esto implementas los pasos 1 al 3 (aunque probablemente es lo *último* que quieres hacer), tendrás una mejor oportunidad de resolver la situación de manera positiva.

PASO 3
OFRECER CONSEJO O MOTIVACIÓN
(SI ES ADECUADO)

A pesar de que el tema principal en este ejemplo es una simple falta de comunicación entre tu colega y su jefe, mientras más pronto lo aclares, mejor. Paso 1: (escuchar con empatía) en esta situación no significa simplemente que te quedas sentado mientras tu colega habla sobre lo incompetente que piensa que eres. En vez de esto, puedes hacer una pregunta sencilla:

Tú: —¿Sabías que tu jefe me llamó anoche y me pidió detener el proyecto?

Hacer una pregunta en vez de lanzar una acusación o burlarte es una excelente manera de ayudar a tu colega a que se dé cuenta de que no tiene toda la información al respecto, mientras te mantienes calmado. También te ayuda a formar tus propias suposiciones para que te asegures de que no has llegado a conclusiones inexactas.

Colega: —¿Qué? No, ¿qué dijo?

Tú: —Me dijo que el cliente había cambiado de planes en último minuto y que no iba a poder cumplir con este compromiso hasta la próxima semana. Dijo que no necesitarás el reporte hasta el próximo jueves.

En este momento, tu colega podría sentirse muy avergonzado. Puedes usar el paso 2 (Validar la emoción) para validar su frustración inicial y luego ir directo al paso 3 (ofrecer retroalimentación) para expresar con claridad tu propia ira o frustración. Para ser claro, no sugiero que justifiques su ataque ni tampoco que actúes pasivamente frente a él. Su reacción, aunque es comprensible dada su ignorancia del asunto, fue irrespetuosa. Tienes todo el derecho de defenderte a ti mismo y defender a tu equipo, y no necesitas su permiso para hacerlo. He aquí cómo podría desarrollarse:

Colega: —Oh... Lo siento, no lo sabía.

Tú: —Entiendo que te moleste el hecho de que yo hubiera ignorado por completo la fecha de entrega. *Además*, en serio, no me agrada que llegues a conclusiones y que entres aquí de esta manera cuando mi equipo y yo nos hemos estado rompiendo la espalda por ti. La próxima vez, por favor asegúrate de que tengas toda la información en tus manos antes de acusarme a mí o a los demás del equipo de ser incompetentes.

Fíjate cómo puedes escuchar, validar e informar a tu colega con tan solo unas frases. La respuesta va directamente de validación a retroalimentación, e ignora la solicitud de permiso. En situaciones en donde la queja de la otra persona o su ira son dirigidas a ti, puede ser adecuado, e incluso necesario, compartir con rapidez y claridad tu versión de la historia.

PRINCIPIOS CLAVES: RETROALIMENTAR

Una vez te encuentres en la posición de dar tu retroalimentación, consejo o seguridad, utiliza los siguientes principios para que resulte efectivo.

PASO 3
OFRECER CONSEJO O MOTIVACIÓN
(SI ES ADECUADO)

Guía con una declaración que valide

Cuando compartas tu perspectiva u ofrezcas consejos, empieza con una declaración de mayor validación:

- "Entiendo perfectamente por qué te sientes así. He aquí cómo yo lo veo".
- "¡Me molesta tan solo escucharlo! ¿Has considerado hablar con él?".

Si la persona toma una actitud defensiva, regresa a los pasos 1 y 2 y valida la emoción. Si te dio permiso para compartir con ella lo que piensas, pero te das cuenta de que esa persona no está realmente abierta a escucharte, simplemente quédate en el paso 2 y hazle saber que siempre estarás dispuesto a escucharla. (Asumiendo que realmente lo estés. Si no es así, solo despídete deseándole lo mejor).

Cuidado con los "peros"

Este sencillo principio no solo mejorará la calidad de tus comentarios, sino que también mejorará significativamente la calidad de tus conversaciones diarias. Cuando se usan 2 frases para conectar una oración, la palabra "pero" descarta con efectividad y por completo la primera frase. Cuando estás validando, esta palabra puede deshacer instantáneamente todo tu trabajo.

Por ejemplo, imagínate que acabas de hacerte un corte de cabello y una amiga se acerca a ti y te dice:

—Me gusta mucho lo que has hecho con tu cabello, *pero*. . .

¿Que irá a decir después? No lo sabes con toda seguridad, pero probablemente será algo negativo. A ella "le gusta, *pero*. . ". En este momento, lo más probable es que te hayas olvidado del elogio y te concentres en lo que dirá después.

Ahora, imagínate que te dice:

—Me gusta mucho lo que has hecho con tu cabello, *y además* . . . ".

¿Y ahora qué? ¿Qué viene después? Aún no lo sabes, pero al menos sabes que le gusta tu nuevo corte. En este momento ella podría decir cualquier cosa, y no refutaría el hecho de que "a ella le gusta lo que has hecho con tu cabello".

Incluso podría decir: " . . *Y* me gustaba aún más como lo tenías antes". Probablemente no es lo que deseabas escuchar, pero aun así es más fácil aceptarlo. Es posible que pienses: "Aunque le gustaba más mi cabello como estaba antes, me alegra que también le guste como lo tengo ahora".(No se trata de que tu felicidad dependa de lo que los demás piensen de ti, pero ese es un tema para otro libro).

Cuando decimos: "Entiendo que estés frustrado, *pero* no creo que su intención fuera dañarte", disminuimos el impacto de la primera mitad de la frase, la parte de la validación, y lo único que escucha la otra persona es: "No creo que su intención fuera dañarte".

Haz el esfuerzo de reemplazar la palabra "pero" con un "y", y te sorprenderá cómo esto te libera para hablar con candidez

PASO 3
OFRECER CONSEJO O MOTIVACIÓN
(SI ES ADECUADO)

mientras mantienes la confianza y la seguridad en la conversación.

Empieza con un "yo" en vez de un "tú"

Un error común que cometen las personas cuando deben hacer comentarios difíciles es empezar directamente con un "tú", así como:

- "Estás equivocado".
- "Es por tu culpa".
- "No trabajas tan duro como los demás".

Esto no necesariamente es un problema cuando elogias (por ejemplo, "tienes razón", "hiciste un excelente trabajo", etc.), pero cuando haces comentarios que no son muy placenteros, puede tomarse como algo agresivo y abrasivo.

Fíjate cómo, cuando empiezas con un "yo" (o una forma de "yo"), esta misma retroalimentación se convierte en algo mucho más aceptable:

- "No estoy de acuerdo".
- "Siento como si esto fuera culpa tuya".
- "Siento que no trabajas tan duro como los demás".

Al empezar con un "yo", enfatizas el hecho de que compartes tu perspectiva y evitas que tus comentarios se sientan como una acusación. Este sencillo ajuste suaviza el golpe de los comentarios negativos y reduce la posibilidad de que la otra persona tome una actitud defensiva. Si tienes que decirle a tu colega: "Ayer fuiste insensible", posiblemente iniciarás una discusión. Lo que se considere o no como "insensible", después de todo, podría iniciar un debate.

Pero si en vez de esto, dices: "Ayer sentí que actuaste de manera insensible", o, aún mejor: "Me sentí *avergonzado* cuando ayer mencionaste mis errores frente a todos", eso mantiene el enfoque sobre ti. Estás compartiendo la manera en que te afectó el comentario de tu colega, en vez de acusarlo de ser una persona mala o desagradable.

Las declaraciones que empiezan con un "yo" pueden ser suaves y directas, según sea necesario. Funcionan bien cuando haces comentarios a cualquier persona, desde un ser querido hasta un simple reporte en el trabajo. Los ejemplos incluyen:

- "Siento que no me escuchas".
- "Siento que no me aprecias cuando dices eso".
- "Creo que esa jugada no es muy inteligente".
- "He notado que haces esto a menudo".

Evita los absolutos

Los términos absolutos son, por ejemplo: "Siempre", "Nunca", "Constantemente", etc. Si tu retroalimentación incluye una observación sobre un hábito o tendencia, puede ser tentador decir: "*Siempre* haces esto" o "¡*Nunca* haces aquello!".

Aparte del hecho de que cada una de estas declaraciones empieza con un "tú" en vez de un "yo", son abrasivas porque son absolutas. Aunque es posible que la otra persona difícilmente escuche a los demás, es poco probable que realmente *nunca* lo haga. Con seguridad escucha al médico cuando le da los resultados de sus pruebas del laboratorio o

PASO 3
OFRECER CONSEJO O MOTIVACIÓN
(SI ES ADECUADO)

cuando un amigo le sugiere ver una película. Reclamar que una persona "siempre" hace algo es igualmente falso.

Este tipo de retroalimentación puede suavizarse si empiezas con un "yo", según lo que indiqué anteriormente. Si dices: "Siento como si siempre hicieras esto", ya no es una acusación. Simplemente, estás compartiendo tu percepción, la cual puede ser exacta o no.

Si eliges no convertir esto en una declaración que empiece con un "yo", reemplaza el término absoluto con uno que no lo sea. La frase: "*Siempre* haces esto" se puede convertir en: "Haces esto *a menudo*". La declaración: "Nunca limpias tu propio desorden ", se puede convertir en: "*Rara vez* limpias tu propio desorden". Ten en cuenta de nuevo la manera en que estos sencillos cambios inmediatamente suavizan el tono de tu retroalimentación.

Si extraes el término absoluto y conviertes tu comentario en una declaración que empieza con un "yo", tus comentarios serán mucho más fácilmente aceptados: "Me he dado cuenta de que haces esto a menudo" (más directa, es tu observación), o "Siento como si hicieras esto muy a menudo" (menos directa, son tus sentimientos).

Reconoce cuando cometes un error

De vez en cuando, empezarás a dar consejos sin pedir autorización. Suele ocurrir. Ahora que conoces la importancia de pedir permiso, es posible que te des cuenta por ti mismo al instante. Cuando esto suceda, puede ser benéfico y hasta ofrece validación, si lo reconoces. Por ejemplo, podrías terminar una frase y luego decir: "*Y* me acabo de dar cuenta de que no me pediste mi opinión. Lo siento". Las personas están tan acostumbradas a recibir retroalimentación no solicitada, que este sencillo gesto de respeto puede ser muy suavizante. Hay una buena oportunidad de que la persona de todos modos te pida tu opinión y te permita seguir compartiendo con su autorización.

PASO 3 RESUMEN

Ofrecer retroalimentación o consejos es completamente opcional. Quizás alguien ha compartido contigo un momento emocionante o de orgullo, o quizás simplemente es que no hay nada que decir. La misma validación es, por sí misma, sanadora. No siempre es necesario o adecuado ofrecer consejos.

Evita dar retroalimentación no solicitada. Solo porque alguien comparta una experiencia difícil no significa que esté buscando consejos. Determina si está abierto a recibir retroalimentación al 1) preguntar lo que espera de ti (por ejemplo, "¿cómo puedo ayudar?"), o 2), pedir permiso para dar un consejo (por ejemplo, "Tengo mi opinión sobre este asunto. ¿Puedo compartirla contigo?").

Si vas a dar consejos, empieza tu declaración con una validación. Aunque acabas de ofrecer validación en el paso 2, empezar tus comentarios con una declaración más de validación reitera el hecho de que escuchas y te conectas con su experiencia.

Usa "y" en vez de "pero". Hacer esto evitará que niegues tu validación, comentarios, etc. sin darte cuenta.

PASO 3
OFRECER CONSEJO O MOTIVACIÓN
(SI ES ADECUADO)

Empieza con un "yo" en vez de un "tú". Usar "yo" resalta el hecho de que compartes tu perspectiva u opinión. También reduce la probabilidad de que la otra persona tome una actitud defensiva.

Evita los absolutos Cuando hagas comentarios difíciles, reemplaza los términos absolutos como: "Siempre" y "Nunca", con algo más suave (y a menudo más preciso) como alternativa, tales como: "A menudo" o "Alguna vez". Si eliges usar un término absoluto, empieza con un "Pienso que", "Siento que", etc. en vez de "tú".

PASO 4
VALIDAR DE NUEVO

"Sé generoso con tu motivación. Es un rayo de sol verbal, es cálido para el corazón, no cuesta nada y enriquece vidas".

Nicky Gumbel

Me doy cuenta de que dedicar un paso completo a "validar de nuevo" puede ser un poco exagerado, pero esta repetición (y el orden en el que sucede) es importante. Aunque la otra persona haya compartido una experiencia tanto positiva como negativa, resulta una buena práctica terminar la conversación con un comentario final de validación. Hacer esto le recuerda a la otra persona que, a pesar de todo lo que se haya dicho, todavía la escuchas y la comprendes.

De nuevo, si piensas en la investigación de Gottman, probablemente es lo que la otra persona esperaba recibir de ti desde un principio. Dedicar un momento a revalidar, puede ayudar mucho a consolidar la experiencia positiva. Este paso es valioso, en particular si diste retroalimentación o consejos difíciles de escuchar en el paso 3.

PASO 4
VALIDAR DE NUEVO

Revalida la emoción

Para cuando hayas llegado a este paso, habrás escuchado, validado y dado retroalimentación o seguridad, si es adecuado. En este punto, ya se expuso cualquier conversación relacionada con la resolución del problema (o emoción causada por una buena noticia), y la conversación empezará a bajar de tono hacia un final natural. Cerrar la conversación con el paso 4 a menudo involucra una pequeña repetición de una validación anterior. Esto puede ser algo como lo siguiente:

- "Ahhh, no te envidio. Esa es una situación verdaderamente difícil. Sin embargo, me parece que tienes un buen plan. ¡Te deseo buena suerte!".
- "Bueno, al fin y al cabo, me impresiona la manera como manejas las cosas. Eso puede ser muy confuso".
- "De nuevo, mi más sincero pésame. Sé que estás pasando por un momento muy difícil. Quiero que sepas que estoy aquí para ti".
- "Guau, ¡la preparatoria es en realidad muy difícil! Siento una confianza total de que podrás resolver tu problema".
- "¡Hey, felicitaciones de nuevo! Me siento muy feliz por ti".
- "Bueno, tengo que decirte otra vez que realmente lo lograste. ¡Tienes todo el derecho de sentirte orgulloso!".

Estos sencillos comentarios finalizan la conversación de una manera positiva y respetuosa, aunque la situación haya sido difícil. Son una buena manera de redondear toda la experiencia de validación.

Validar la vulnerabilidad

Aunque el paso 4 generalmente involucra la simple reiteración de tu validación anterior, algunas situaciones pueden ser benéficas si también validas la vulnerabilidad de la otra persona.

Aunque la persona comparta contigo una experiencia personal o una emoción, está mostrando su vulnerabilidad emocional. Se abre de una manera que a menudo es incómoda y espera que seas respetuoso y comprensivo. Esta vulnerabilidad es clave para desarrollar relaciones sólidas y saludables, porque te permite ver más allá de las máscaras y te conecta con las personas de una manera más auténtica y personal.

Cuando la gente comparte una lucha personal, expresa un miedo profundo o incluso admite incertidumbre en algún área de sus vidas, muestran una faceta menos perfecta de sí mismos en su esfuerzo por recibir apoyo. En el lugar de trabajo, las personas se vuelven más vulnerables cuando hablan de una preocupación con su jefe, piden ser considerados para un ascenso o se enfrentan con otro colega. En estas situaciones, la persona se arriesga a recibir muchas reacciones negativas. Eso nunca es fácil.

Si una persona se abre a ti, el paso 4 es un excelente momento para mostrar tu gratitud y aprecio. Los siguientes comentarios son ejemplos de validación de la vulnerabilidad:

PASO 4
VALIDAR DE NUEVO

- "No es fácil hablar sobre cosas tan difíciles. Admiro tu valentía por haberlo traído en consideración y aprecio que lo hayas compartido conmigo".
- "En verdad, aprecio que te hayas abierto conmigo. Esto significa mucho para mí".
- "Debe haber sido difícil para ti hablar de esto conmigo, de modo que, gracias. Sinceramente, aprecio tu sinceridad. Quiero que sepas que tengo una gran opinión de ti".
- "Gracias por decir algo. Estoy seguro de que hablar de esto fue difícil para ti, en especial porque no sabías cómo reaccionaría yo".

Al validar el hecho de que la otra persona se ha abierto a ti y de lo difícil que esto pudo haber sido, le muestras que puede confiar en ti sin tener miedo a ser juzgada o desestimada. Esto te beneficia a ti y a la otra persona al aumentar la confianza y seguridad en la relación.

Hay que notar aquí que validar la vulnerabilidad generalmente solo aplica para conversaciones que sean, bueno, más *vulnerables*. Decir: "Realmente aprecio que te hayas abierto conmigo", después de que tu amiga te dice que acaba de reservar unas vacaciones de 2 semanas, resultaría algo extraño. Si estás conectado con la situación, sabrás cuándo aplicar o no aplicar la validación de la vulnerabilidad.

PASO 4 RESUMEN

Revalida la emoción. Aunque hayas o no ofrecido consejos en el paso 3, incluye un poco más de validación al final de la conversación. Hacer esto reitera el hecho de que has escuchado y comprendido a la otra persona y finaliza la conversación de una manera positiva, con una emoción positiva.

Valida la vulnerabilidad. Compartir pensamientos, experiencias o emociones personales puede ser difícil, incómodo y hasta intimidante. Si la persona se abre a ti, agradécele y valida el hecho de que hacer esto puede ser difícil.

PARTE III

ARMANDO EL CONCEPTO

SITUACIONES DEL MUNDO REAL

"El camino del aprendizaje por medio de reglas es largo, pero, con ejemplos, es corto y efectivo".

Séneca

Recordar el Método de validación de 4 pasos y los principios que lo acompañan puede exigir mucha memoria. Sin embargo, la realidad es que, en la práctica, puedes repasarlos en menos de un minuto. También es importante tener en cuenta que estos pasos no son una ciencia perfecta, y tampoco debes seguirlos en todas las conversaciones.

En algunas situaciones, los pasos 1 y 2 (escuchar con empatía y validar la emoción), pueden ser suficientes. En otras ocasiones, es necesario aplicar los 4 pasos varias veces. Cada situación es diferente. Sabrás lo que se siente de forma natural y genuina en el momento, y con la práctica verás que la validación surge de manera natural.

En esta última sección exploraremos una variedad de situaciones del mundo real (abreviadas aquí como MR) para observar la validación efectiva en acción. Gran parte del entendimiento que poseo sobre la validación ha surgido al

SITUACIONES DEL MUNDO REAL

escuchar y aprender de las experiencias de los demás. Aunque nada puede reemplazar tu propia experiencia personal, estudiar una amplia variedad de ejemplos puede ayudar mucho.

UNA NOTA ANTES DE EMPEZAR

Como ya lo hablamos antes, la empatía y la sinceridad son elementos esenciales de una validación efectiva. La sinceridad se proyecta no tanto por lo que decimos, sino por cómo lo decimos. Si hacemos declaraciones de validación sin empatía ni sinceridad, la conexión será muy incompleta.

Desafortunadamente, mostrar empatía y sinceridad en un libro es difícil, si no es que imposible. Por lo tanto, tendrás que usar tu imaginación mientras lees los diálogos de los siguientes ejemplos. Es posible que el lenguaje y las expresiones que se usan aquí no sean lo que acostumbras a decir, pero trata de no poner demasiada atención a las palabras exactas. En vez de esto, fija tu atención en los principios que hemos discutido y fíjate en la manera en que se usan y en la manera en que los usarías para ti mismo. Cuando se trate de tu propia aplicación del Método de los cuatro pasos, usarás de modo natural las palabras y frases que sean naturales y genuinas para ti.

Para ayudarte a identificar los cuatro pasos y principios clave en la manera en que se usan, cada MR incluirá las anotaciones en la página siguiente.

ANOTACIONES DEL MÉTODO DE LOS CUATRO PASOS PARA SITUACIONES DEL MUNDO REAL

E = Escuchar

MV = Microvalidar

V = Validar

PP = Pedir permiso para hacer comentarios

DR = Dar retroalimentación

VN = Validar de nuevo

VV = Validar la vulnerabilidad

MR #1: PROBLEMAS CON UN COLEGA

Daniel se queja con Jacobo sobre otro colega. En este caso, Jacobo conoce la historia completa y no está de acuerdo con la manera en que Daniel percibe la situación.

Daniel: —Caramba, no puedo *soportar* a Esteban. Se la pasa adulando a Lisa (su gerente) y hace cualquier cosa para subir de puesto. He estado aquí el *doble* de tiempo que él. Debí haber recibido ese ascenso, y no él.

Jacobo: —Oh, lo siento, Daniel. Eso es muy frustrante. **(E, V)**

Daniel: —No lo entiendo. He estado aquí mucho más tiempo que él, ¡y tengo mucha más experiencia!

Jacobo: —Sí, es difícil. ¿Le preguntaste a Lisa por qué decidió darle el ascenso en vez de a ti? **(MV, E)**

Daniel: —No, pero estoy seguro de que diría algo así como: "Estaba mejor calificado para el puesto", o alguna otra respuesta vaga como esa.

Jacobo: —¿En serio? ¿No crees que te respondería con honestidad? **(E)**

Daniel: —Lo dudo. Tampoco creo que yo le agrade mucho.

Jacobo: —¿En serio? Eso es frustrante. ¿Quieres saber mi opinión? **(MV, PP)**

Daniel: —Sí, claro.

Jacobo: —Antes que nada, debo decirte que yo estaría realmente frustrado, confundido y es probable que muy desmoralizado si hubiera trabajado aquí por tanto tiempo como tú y me ignoraran para ese ascenso. Es difícil. *También* debo decir que estoy muy impresionado con el trabajo de Esteban. Ha logrado un gran impacto desde que empezó a trabajar aquí, abrió más de 200 cuentas y es un placer trabajar con él. **(V, DR)**

Daniel: —Trabajo *tanto* como él, ¡y quizás aún más!

Jacobo: —Ciertamente, trabajas mucho, de eso no cabe duda. Es difícil saber por qué él recibió el ascenso en tu lugar si no le preguntas a Lisa. **(MV)**

Daniel: —Le preguntaré en mi próxima reunión.

Jacobo: —Está bien. Hey, tengo una reunión dentro de unos minutos, tengo que volver. Buena suerte con eso.

Daniel: —Gracias.

***

Las situaciones como estas son difíciles cuando no estás de acuerdo con la percepción de la otra persona. En el caso de Jacobo, a este le cae bien Esteban y piensa que merece el ascenso. Sin embargo, también desea mantener una buena relación con Daniel. De hecho, probablemente no es necesario que Jacobo comparta su opinión sobre este tema, sería más fácil para él simplemente escuchar, validar y dejarlo así. Pero al hacer esto, ofrece un ejemplo útil de cómo la otra persona acepta compartir una opinión diferente y cómo manejarla.

Fíjate en la manera en que Jacobo primero hace preguntas para encontrar el motivo de por qué a Daniel no le gusta Esteban. Esto le ayuda a comprender mejor la situación y cuáles son los motivos de las percepciones de Daniel, a la vez que también le ofrece algo concreto para validar.

Después, tiene cuidado de no desafiar las suposiciones de Daniel, por el contrario, mejor valida la frustración. Después de reconocer la dificultad de las circunstancias de Daniel, solicita permiso para compartir su opinión.

Jacobo valida *de nuevo* a Daniel, luego comparte su propia perspectiva. Fíjate en la manera en que evita utilizar la palabra "pero" en sus comentarios. Si hubiera dicho: "Es difícil, *pero* estoy impresionado con el trabajo de Esteban", hubiera negado la validación completamente y es posible que Daniel hubiera tomado una actitud defensiva.

Daniel toma una actitud defensiva cuando dice: "Trabajo *tanto* como él", pero fíjate de nuevo en la manera en que Jacobo vuelve a validarlo y lo deja así. En este caso (ya que Jacobo no es el gerente de Daniel) probablemente fue sabio dejarlo así.

Si Jacobo fuera su gerente, hubiera tenido la responsabilidad de hacer comentarios constructivos a Daniel. En este caso, podría validar el hecho de que Daniel trabaja mucho, y además ayudarle a entender que no está trabajando en las tareas más importantes, que hace el trabajo con la calidad esperada, etc.

SITUACIONES DEL MUNDO REAL

MR #2: DRAMA EN LA PREPARATORIA ESCOLAR

Sofía es estudiante de preparatoria, tiene 16 años y se queja con su mamá, Karina, sobre un drama que ocurrió en la preparatoria.

Sofía: —¡Ahhh! *Odio* la prepa.

Karina: —¿Qué ocurre? **(E)**

Sofía: —¡Acabo de descubrir que María está hablando a mis espaldas con Raquel y todos los demás sobre mí y les dice que siempre le quito los chicos que a ella le interesan! Ahora siento que todas me odian y no me invitan a nada.

Karina: —¿Qué? ¿Por qué haría ella eso? **(MV, E)**

Sofía: —¡No lo sé! Ella está muy interesada en Zacarías, pero Zacarías *me* invitó al partido de este fin de semana. Ni siquiera *intenté* conquistarlo. ¡Ni siquiera coqueteé con él!

Karina: —Ah, ¿entonces crees que está celosa? **(E)**

Sofía: —¡Sí!, completamente.

Karina: —Y eso *debe* ser frustrante si sientes que todas tus amigas se ponen de su lado, sin siquiera darte la oportunidad de explicarles. **(V)**

Sofía: —Sí, en serio.

Karina: —¿Y qué piensas hacer? **(E)**

Sofía: —¡No lo sé!.. Traté de hablar sobre esto con Estefanía y me miró como si dijera, *ah bueno, qué bien*. Ni siquiera me escuchó.

Karina: —Ahhh, esto es horrible. ¿Ni siquiera te escuchó?
(V, E)

Sofía: —¡No!

Karina: —Guau, eso *es* muy frustrante. **(V)**

(Karina hace una pausa para ver si Sofía quiere compartir más)

Karina: —En realidad, tengo algunas ideas sobre cómo podrías manejar esto. ¿Te gustaría saber mi opinión?
(PP)

Sofía: —Sí, claro.

(Karina le da su opinión).

Karina: —Siento que tengas que lidiar con este tipo de cosas, el ambiente social en las preparatorias puede ser muy difícil. Si alguna vez deseas hablar más sobre esto, o si simplemente necesitas desahogarte, estoy aquí para escucharte. **(VA)**

Sofía: —Gracias. Aprecio tu gesto.

***

En este breve intercambio con su hija, Karina ofrece una buena mezcla de escucha y validación. Fíjate en la manera en que hizo una pausa antes de pedir permiso para hacer sus comentarios. Aunque todas las situaciones son particulares, hacer una pausa como esta asegura que no empezarás a hacer comentarios anticipadamente. Aunque pidas permiso de compartir, debes asegurarte de que le ofreciste a la otra persona la oportunidad de desahogarse por completo.

Después de validar y hacer esta pausa, es probable que la otra persona responda de una de las dos maneras siguientes:

1. Acepta la validación y sigue compartiendo (por ejemplo, "¡EXACTO! Y *luego* dijo. . .").
2. Acepta la validación y luego hace una pausa (por ejemplo, "Exacto".)

Si la persona sigue compartiendo, entonces escúchala y bríndale microvalidación. Si acepta la validación y luego hace una pausa, es un buen momento para preguntarle si desea escuchar tu opinión.

MR #3: UNA AMIGA QUE SE ESTÁ DIVORCIANDO

Lucía y Coral son buenas amigas.

> **Lucía:** —¡Hola Coral! ¿Cómo te va?
>
> **Coral:** —Honestamente, no muy bien.
>
> **Lucía:** —¿En serio? ¿Qué sucede? **(E)**
>
> **Coral:** —Juan me acaba de pedir el divorcio.
>
> **Lucía:** —Oh, Dios mío. ¿Lo dices en serio? Coral, lo siento mucho. (pausa) ¿Cuándo sucedió esto? **(MV, E)**
>
> **Coral:** —Anoche".
>
> **Lucía:** —¿Sabías que ocurriría? ¿Ustedes han tenido problemas? **(E)**
>
> **Coral:** —Más o menos. No lo sé, realmente no pensaba que *esto* pasaría. Nos hemos distanciado mucho durante los últimos seis meses, pero pensé que era normal. Me acaba de decir que ha estado saliendo con otra persona.
>
> **Lucía:** —¿Me lo dices en serio? Ay, Coral... Lo siento *mucho*. **(MV)**
>
> *(Lucía hace una pausa de unos momentos para ver si Coral quiere compartir más)*
>
> **Lucía:** —¿Cómo te sientes ahora? ¿Te lo dijo anoche? **(E)**

Coral: —Sí. En realidad, me siento como atontada. Ni siquiera quiero pensar en eso en este momento.

Lucía: —No te culpo. Ni siquiera me lo puedo imaginar. **(V)**

Coral: —Sí.

(Hay una pequeña pausa en la conversación y aparentemente Coral no desea hablar mucho sobre el tema)

Lucía: —Quiero que sepas que estoy aquí para ti. Aprecio que me lo hayas dicho, es una increíble carga para ti. Honestamente, ni siquiera me lo puedo imaginar. Si *alguna vez* quieres hablar, quiero que sepas que siempre estaré aquí para escucharte. **(VA)**

***

Nota cómo, en vez de evitar el tema y preocuparse para no lastimar a Coral, Lucía le hace un par de preguntas para entender mejor la situación.

Coral no parece estar muy conectada con sus emociones en ese momento, de modo que Lucía le pregunta cómo se siente. Aunque Coral no es capaz de identificar las emociones específicas que siente, Lucía hace su mejor esfuerzo en validar lo difícil de la situación.

Aquí no hay oportunidad para hacer comentarios, y rápidamente es evidente que Coral no quiere hablar más sobre el tema, de modo que Lucía le agradece, le ofrece validación una vez más y la deja con una invitación abierta para hablar en el futuro.

MR #4: UN NUEVO TRABAJO

Rogelio y Alejandro son conocidos. Se conocen por medio de un amigo mutuo y se ven cada una o dos semanas.

Alejandro: —¡Rogelio! Hace tiempo que no te veía. ¿Cómo has estado?

Rogelio: —¡Excelente! Me va muy bien en estos días.

Alejandro: —Me alegro de escuchar eso. ¿Cómo te va en el trabajo? **(E)**

Rogelio: —En realidad, fantástico, ¡acabo de aceptar un trabajo en una nueva empresa!

Alejandro: —¿En serio? ¡Felicidades! **(MV)**

Rogelio: —¡Gracias!

Alejandro: —¿Cuál es tu nuevo puesto? **(E)**

Rogelio: —Gerente de atención al cliente.

Alejandro: —¡Muy bien! Eras parte del equipo de atención al cliente en tu último trabajo, ¿cierto? ¿Qué diferencia hay con este trabajo? **(MV, E)**

Rogelio: —Bueno, en el anterior contestaba llamadas todos los días (y me gritaban), pero ahora seré el gerente de un equipo, entrenaré a los nuevos y trabajaré con la gerencia para mejorar el sistema. Estoy muy emocionado.

Alejandro: —¡Me imagino que estás feliz de no tener que estar pegado al teléfono! **(MV, E)**

Rogelio: —Ah, no te lo imaginas.

Alejandro: —Seguro que sí. La gente puede ser muy grosera por teléfono. Tener que lidiar con personas enojadas todos los días debe ser agobiante. **(V)**

Rogelio: —Así es. Estoy seguro de que ocasionalmente tendré que lidiar con clientes enojados, pero mucho menos que antes.

Alejandro: —Ah, eso es excelente. **(V)**

Rogelio: —Sí, ¡estoy muy emocionado!

Alejandro: —Bueno, en serio, felicidades, Rogelio. ¿Cuándo empiezas con el nuevo puesto? **(VA, E)**

Rogelio: —El lunes.

Alejandro: — ¡Tienes que contarme cómo te va!

Rogelio: —Gracias, así lo haré.

***

En este intercambio, Alejandro validó a su amigo de varias maneras casuales y efectivas. Cuando Rogelio compartió la noticia de su nuevo trabajo, Alejandro vio la oportunidad de validar sus sentimientos de emoción y orgullo. Al igualarse con la energía y emoción de Rogelio, le mostró que estaba conectado y que apreciaba la buena noticia. También usó la técnica de "adivinar o preguntar" para validar la dificultad del cargo antiguo de Rogelio, especialmente el estrés asociado con trabajar con clientes enojados.

Este intercambio fue breve y casual y, sin embargo, el interés genuino de Alejandro y su respuesta positiva a la buena noticia de Rogelio con toda seguridad fue energizante. Es muy posible que Rogelio se haya alejado con mucha más emoción, al igual que con más aprecio por Alejandro.

MR #5: DÍA ESTRESANTE DE LA ESPOSA CON SUS HIJOS

Kelly es una mamá que se queda en casa educando a sus hijos. Mauricio regresa a la casa de su trabajo y la encuentra notablemente cansada.

> **Mauricio:** —Hola, mi amor, ¿cómo estuvo tu día?
>
> **Kelly**: —Agitado.
>
> **Mauricio:** —¿En serio? ¿Qué sucede? **(E)**
>
> **Kelly**: —Solo necesito un descanso.
>
> **Mauricio:** —¿Los niños no se portaron bien? **(E)**
>
> **Kelly**: —No. Pero no se trata solo de eso. Tratar de administrar el parqueo del vehículo, las tareas, el fútbol, hacer el almuerzo y mantener la casa limpia, ¿mientras trato de mantenerlos vivos a todos? No nací para esto.
>
> **Mauricio:** —Es una *locura* la cantidad de trabajo que haces todos los días. Hacer malabares con todo esto dejaría agotada a cualquier persona. **(V)**
>
> **Kelly**: —Si puedo terminar con todo lo del día de hoy seguramente estaré bien.
>
> **Mauricio:** —¿Qué más tienes que hacer? **(E)**
>
> **Kelly**: —Le dije a Ale que haría un poco de lectura con ella y luego debo terminar de lavar.

Mauricio: —Hoy has hecho mucho más que el trabajo que la mayoría de la gente hace en una semana. Ambos estamos extenuados. ¿Qué tal si doblo la ropa mientras le lees a Ale y luego podemos descansar un rato? **(V)**

Kelly: —Me parece excelente. Gracias.

***

Este intercambio entre Mauricio y Kelly es bastante común, y no requiere de mucho más que simplemente escuchar y validar. Fíjate en la manera en que Mauricio hace un par de preguntas para motivar a que su esposa se abra, y luego le responde con una declaración de validación sencilla. A partir de ese momento, la empatía y amor por su esposa hacen que ofrezca algo de alivio a las exigencias del día mientras ambos se relajan el resto de la noche.

SITUACIONES DEL MUNDO REAL

MR #6: HA SIDO ACUSADA DE DAR UN MAL SERVICIO

Catalina es recepcionista en la oficina de atención al cliente de un concesionario de automóviles. Se le acerca un cliente enojado porque ha tenido que esperar mucho más de lo que acostumbra y su vehículo aún no está listo.

> **Cliente:** —Esto es ridículo. ¡He estado aquí esperando por casi *dos horas*, mucho más que los 30 minutos que me prometió, y *todavía* no han reparado mi automóvil! ¿Qué diablos está pasando?
>
> **Catalina:** —Lo siento, señor, sé que esto es frustrante. Están tardando *mucho* más tiempo del que le dijimos. Estoy tratando de ponerme en contacto con los mecánicos para que me informen lo que está pasando. **(V)**
>
> **Cliente:** —Este es el peor servicio que he recibido. Aquí no hay seriedad.
>
> **Catalina:** —Lo entiendo. Yo me sentiría igual de frustrada. Estoy segura de que esto debe haber arruinado otros planes que tenía o impidió que pudiera ir a otros sitios. Si le sirve de ayuda, puedo organizar un servicio de taxi para que lo lleven a donde debe ir y que pasen por usted cuando esté listo su automóvil, sin costo alguno. También lo llamaré tan pronto sepa algo. **(V)**
>
> **Cliente:** —No, ya perdí mis reuniones. Quiero hablar con uno de los mecánicos.

Catalina: —Por supuesto. En un momento vendrá una persona para hablar con usted. De nuevo, lo siento mucho. Hacemos nuestro mejor esfuerzo por calcular los tiempos, pero esta vez nos equivocamos. Haremos lo posible para corregir este error.

***

Lidiar con clientes enojados nunca es divertido. En este ejemplo, Catalina hace un buen trabajo para validar la frustración del cliente y hace lo que puede para corregir la estimación incorrecta del tiempo.

Aunque no puede reparar el vehículo con mayor rapidez, pudo tranquilizar al cliente. Desarrolla empatía por el hombre, dándose cuenta de que puede llegar tarde a una reunión, no hará otras diligencias, etc., lo que al final conduce a una validación más genuina y poderosa.

Si Catalina hubiera tomado una actitud defensiva, es probable que la situación hubiese empeorado. Desafortunadamente, veo situaciones como estas demasiadas veces. Se desarrollan más o menos de la siguiente manera:

Catalina: —Lo siento, pero ese tiempo fue el que me informaron. Están trabajando lo más rápidamente posible.

Cliente: —Esto es ridículo. ¡Usted me dijo que tardarían 30 minutos!

Catalina: —Lo sé, pero no puedo hacer nada al respecto. Por favor sea paciente y le informaré tan pronto sepa algo.

Cliente: —¡¿Ser paciente?! ¡He sido paciente durante casi *dos horas*!

Catalina: —Señor, por favor cálmese. Iré a hablar con ellos para ver si hay algo más que puedan hacer.

Cliente: —¿Calmarme? ¡No es usted la que ha estado esperando un reemplazo de frenos durante casi dos horas!

Y así continúa. ¿Puedes detectar los comentarios de invalidación de Catalina? Están en todas partes. Aunque su intención definitivamente es buena, sus esfuerzos solo sirven para empeorar la situación. Un pequeño cambio hacia la comprensión y validación puede marcar una diferencia del día a la noche.

TE ESCUCHO

MR #7: CALMANDO A UN NIÑO PEQUEÑO

Max tiene cuatro años y se puso histérico después de que se dio cuenta de que su mamá salió de paseo con sus amigas. Fernando, su papá, intenta consolarlo.

Max: —¡¿En dónde está mamá?!

Fernando: —Salió un ratito para jugar con sus amigas.

Max: —¡Yo quiero ir!

Fernando: —Lo siento, Max. Hoy no podemos salir con mamá. Sin embargo, yo estoy aquí, ¡podemos jugar abajo con tus juguetes!

Max: —¡NO, papá, quiero estar con *mamá*!

Fernando: —Lo sé, Max. Es triste cuando sale, ¿cierto?
(E, V)

Max: (cruza sus brazos y hace un puchero)
—Sí. . .

Fernando: —También a mí me hace falta. Es tan tierna y cariñosa y es muy buena para leer cuentos, ¿no es así?
(V, E)

Max: (todavía resopla por la nariz, pero está más calmado) —Sí.

Fernando: —Cuando regrese, me prometió que iba a acostarte y a leerte un cuento. ¿Te gusta esa idea?

Max: —Bien.

Fernando: —Eso será divertido. Mientras esperamos, podemos hacer macarrones con queso. ¿Quieres hacer eso?

Max: —OK. . . .

***

En este ejemplo anterior, Fernando primero intenta desviar o ignorar la evidente desilusión de Max recordándole que *él* se encuentra en la casa. Esto incrementa las emociones de Max, y conduce a un más enfático: "¡NO, papá, quiero estar con *mamá*!".

Como adultos, a menudo intentamos razonar con niños pequeños cuando se están comportando de manera irracional. Podríamos estar pensando: "¡*Vamos, niño*, solo estará fuera por dos horas!". Sin embargo, como lo puede atestiguar cualquier padre (o cualquier persona que ha estado cuidando niños pequeños), este tipo de respuesta casi nunca ayuda. Las emociones son "entes indomables", y para los niños que todavía no han aprendido lo que son y cómo manejarlas, pueden ser intimidantes.

Desde el momento en que Fernando reconoce que Max necesita validación, cambia su método. Desde que valida la tristeza de Max, es capaz de ayudarle a calmarse. Desde que Max se da cuenta que su papá comprende lo que está sintiendo y no lo juzga, empieza a soltar su terquedad de cuatro años y es capaz de aceptar el hecho de que su mamá regresará más tarde esa noche.

CONCEPTOS FINALES

"Si deseas marcar una diferencia en la vida de otra persona, no tienes que ser hermoso, rico, famoso, brillante ni perfecto. Solo debes ser cuidadoso".

Karen Salmansohn

Para estos momentos, ya debes tener una comprensión sólida de la validación, lo que es, por qué es valiosa y cómo ofrecerla. Hemos hablado del qué y del porqué del Método de los cuatro pasos y hemos visto cierto número de ejemplos del mundo real en los que se muestra el método en acción. En este capítulo final, hablaremos sobre los últimos consejos y recomendaciones para sacar el mayor provecho de esta poderosa habilidad.

LO QUE DEBEMOS HACER CUANDO NECESITAMOS VALIDACIÓN

Gracias a esta mayor comprensión de la validación, ahora tienes más probabilidades de reconocer cuando tú mismo la buscas. En estas situaciones, a menudo lo mejor es pedirla directamente.

Hace unos meses llegué al punto en que el estrés del trabajo y de la vida misma me estaba afectando mucho. Decidí tomar un día libre para ponerme al corriente, darme un tiempo y enfocarme de nuevo.

Después de hacer algunas diligencias, me detuve frente a una nueva barbería de la cual me había hablado mi hermano. Los precios que mostraban eran más del doble de lo que normalmente gasto en un corte de cabello, pero pensé que valdría la pena intentar algo nuevo.

Después de explicarle al barbero el corte que me gustaría, empezó su trabajo haciendo algo completamente diferente. Cuando vi caer al piso un mechón de cabello más grande de lo que esperaba, empecé a sentirme muy triste. Una vez cortado, ya no había vuelta atrás, de modo que pensé que mi mejor opción en ese momento era dejarlo terminar y esperar que ocurriera lo mejor.

Cuando terminó y me giró para ponerme frente al espejo, su rostro brillaba de orgullo. Yo, por otro lado, me sentía muy poco entusiasmado. No fue necesariamente un *mal* corte, pero en definitiva no fue lo que pedí y ya no me permitía peinarme de la manera que me gustaba.

Salí de esta peluquería sintiéndome muy tímido. Mis pensamientos se dirigieron directamente a la cita amorosa que tendría esa noche, a lo que me dirían los colegas al día siguiente en el trabajo y si habría alguna manera de reparar ese corte.

Después de llegar hasta sentir vergüenza sobre el hecho de que estaba permitiendo que algo tan insignificante como un corte de pelo me arruinara por completo el día, intenté olvidar el tema. "No es gran cosa", me dije. "La mayoría de las personas ni siquiera se darán cuenta". Pero, entonces, me encontré con mi reflejo en el espejo retrovisor y de nuevo surgían mis *verdaderos* pensamientos: "Ahhh, esto no se ve *nada* bien". En este momento me di cuenta de que necesitaba validación de mi frustración y miedo si realmente iba a querer dejar este tema en corto tiempo.

Llamé a uno de mis mentores y le dije que necesitaba algo de validación y de ayuda para sacar esto de mi cabeza. Le expliqué mi situación y lo estúpido que me sentí por permitir que eso arruinara mi día.

—Es muy frustrante, ¿no? —dijo—. Ya es suficientemente malo que no te guste, pero irás a trabajar mañana y la gente te dirá: "Dios mío, ¿qué te hicieron en el pelo?".

Ambos comentarios, en particular el segundo, redujeron mucho mi sensación de temor. Mientras hablábamos, nunca intentó desacreditar mis sentimientos. Nunca dijo algo como: "Seguro que no está *tan* mal" u "Honestamente, la gente ni siquiera se dará cuenta".

Me dijo que a él también le preocupaban mucho sus propios cortes de cabello ("le preocupaban" porque ahora está calvo) y que podía entenderlo. Después de varios comentarios de validación genuinos, me sentí *muchísimo* mejor y le pedí consejos sobre cómo sacar esto de mi cabeza y seguir con mi vida. En definitiva, después de unos minutos de hablar con él, pude continuar con mi día y dejar atrás la vergüenza y el miedo que sentía sobre lo que pensarían los demás.

Cuando necesites validación, pídela directamente. Lo mejor, obviamente, es hablar con alguien que ya sabe cómo validar, pero si la persona con quien hablas no sabe, puedes darle ciertas instrucciones. Por ejemplo, podrías decir:

"Hola, me siento estresado en este momento y necesito algo de validación. ¿Me puedo desahogar por un minuto?

No quiero comentarios ni sugerencias sobre cómo resolverlo. Solo me gustaría que me escucharas y que me ayudes a no sentirme como si estuviera loco".

Tuve la oportunidad de practicar esto justo el otro día cuando empecé a desahogarme con un par de personas de mi familia. Empezaron a darme consejos y me encontré cada vez más irritado y a la defensiva. Literalmente, *solo* les pedí su opinión sobre un asunto, y luego inmediatamente me puse a la defensiva por todo lo que me estaban diciendo. Tardé unos minutos para salir de mi propio drama, pero cuando sentí curiosidad por mi propia actitud defensiva, me di cuenta de que lo único que realmente necesitaba era validación. Ya le había encontrado una solución al problema, solo deseaba que alguien apreciara la dificultad de la situación. Compartí esto con mi familia y de inmediato dejaron de darme consejos. En definitiva, con un poco de validación, pude dejarlo ir y me sentí significativamente mejor.

APRENDE A VALIDARTE A TI MISMO

Además de buscar validación para los demás, es importante que aprendas a validarte a *ti mismo*. A menudo somos nuestros peores críticos, juzgándonos de maneras en las que nunca juzgaríamos a otras personas. La práctica de la autocompasión y aprender a validarnos a nosotros mismos es una parte crítica para desarrollar una salud sólida y felicidad emocional.

Al igual que validar a los demás, la autovalidación puede utilizarse para experiencias tanto positivas como negativas. Esto significa que puedes sentir orgullo y emoción cuando haces algo bien, y tristeza o arrepentimiento cuando las cosas no suceden de la manera en que esperabas.

A menudo invalidamos nuestras emociones con la intención de evitar sentimientos incómodos tales como miedo, ira o tristeza. En el caso de mi mal corte de pelo, seguía diciéndome cosas como: "No es gran cosa", "Crecerá de nuevo" o "Nadie se dará cuenta".

Para este momento ya reconocerás que estas son declaraciones de invalidación y que rara vez te ayudarán a superar la situación. Las respuestas como "supéralo" o "no te emociones demasiado", caen con mucho peso sobre nosotros, al igual que sobre cualquier otra persona, y a menudo son difíciles de detectar en nuestros propios diálogos internos. En vez de descartar o juzgar tus propias emociones, practica tu propia validación de la misma manera que lo harías con un buen amigo. Por ejemplo, podrías decirte a ti mismo:

- "¡Este es un trabajo de verdadera calidad! Lo logré".
- "¿Sabes qué? Tiene mucho sentido sentirme frustrado. Dediqué mucho tiempo y esfuerzo a cocinar esta comida esperando que mi esposo y yo pudiésemos disfrutar una buena velada juntos".
- "Me están sucediendo demasiadas cosas al mismo tiempo, tiene mucho sentido que me sienta abrumada. Creo que cualquier persona en mi situación se sentiría igual. Probablemente, vale la pena dar un paso atrás e ir con más lentitud".

Ignorar, descartar o suprimir tus emociones no las elimina, las entierra. Las pone a un lado para que se enconen y surjan de nuevo más tarde. Cuando en vez de ello reconoces y validas tus emociones, eliminas el juicio, las respuestas de "soy malo", "esto está mal" o "no debería", y permites que fluyan a través de ti tus propias experiencias. Esto ayuda a tranquilizar al crítico que llevamos dentro y a vivir una vida más presente y disfrutable.

CONTROLA TUS EXPECTATIVAS

Cuando te des cuenta del poder que tiene la validación para tranquilizar a las personas, para ayudarlas a salir de sentimientos oscuros o para aumentar sus emociones y energías, querrás validar a todas las personas con quienes hables. (Y, con honestidad, ¡no hay ningún motivo para no hacerlo!)

Sin embargo, aun cuando es así de poderosa, habrá momentos en donde la validación no "funcione". Aunque sigas todos los pasos y genuinamente desees conectarte con la persona, esta puede elegir no ser receptiva. Siempre puedes validar a la persona, pero no puedes garantizar que esta acepte tu validación.

Hace varios años, un amigo estaba charlando con una de sus compañeras de clase. Ella estaba obviamente frustrada y empezó a quejarse de varios problemas que enfrentaba en ese momento. Mi amigo escuchaba, validaba y evitaba dar consejos mientras ella hablaba sobre el tema. Se desahogó durante varios minutos mientras él escuchaba y mostraba empatía y validación. Entonces, con la esperanza de ver alivio en sus ojos y que de nuevo apareciera una sonrisa en su rostro, mi amigo se sorprendió al ver que regresó al principio del tema y empezó a quejarse de nuevo.

—¡No funcionaba! —me dijo después. No me pareció importante lo que dijo mi amigo ni lo mucho que la escuchaba, ella se encontraba demasiado metida en su propio drama y no lo quería soltar. Después de que esperaba "mejorar las cosas", mi amigo se alejó de ella confuso y decepcionado de sí mismo.

—No lo entiendo —me dijo, con un tono de frustración en su voz —. ¿En dónde me equivoqué?.

Mientras me explicaba su conversación, no pude identificar nada que hubiera hecho "equivocadamente". Aunque pudieron estar en juego otros factores, me pareció que su amiga simplemente no estaba en condiciones de aceptar la validación.

Cuando me encontraba en las primeras etapas de escribir este libro, me reuní con mi familia para cenar en un restaurante local. Mi papá estaba visiblemente estresado por su trabajo y podía ver que luchaba por mantener su atención en el momento presente. Le pregunté cómo había sido su día. —OK —respondió.

—¿Solo OK? —pregunté, invitándole a elaborar mejor su respuesta.

—Sí —fue la respuesta—. Hoy dediqué a un proyecto más tiempo de lo que me hubiera gustado.

No me gusta ver a mi papá estresado y en verdad quería ayudarle a sentirse mejor. Sin embargo, estábamos en un restaurante lleno y bullicioso, y me di cuenta de que no estaba de humor para hablar. Se veía notable y comprensiblemente cansado de un largo día, y decidí dejarlo así.

Tanto si las condiciones no son las correctas como si la otra persona no está dispuesta a soltar su drama, no te juzgues cuando no te funcione la validación de la manera en que esperabas. Siempre habrá otras oportunidades, y el intento de "forzar la validación" en alguien podría solo aumentar su frustración.

CONCEPTOS FINALES: RESUMEN

Pide la validación cuando la necesites. Cuando necesites validación, solicítala siendo específico en vez de esperar que la otra persona se dé cuenta que la necesitas. Si la persona con quien estás hablando no conoce el concepto de validación, indícale lo básico y sé específico sobre lo que buscas y lo que no buscas.

Aprende a validarte a ti mismo. Resiste la tentación de descartar o ignorar tus propias emociones y mejor enfócate en reconocerlas y aceptarlas. La práctica de la autocompasión y aprender a *validarte* es parte esencial para desarrollar una salud y felicidad emocional sólidas.

Controla tus expectativas. Aunque sigas todos los pasos y desees conectarte auténticamente con la persona, esta puede elegir no ser receptiva. Siempre puedes validar a la persona, pero nunca puedes garantizar que la persona acepte tu validación o que reaccione de la manera en que esperabas.

EPÍLOGO

Espero que hayas encontrado este libro interesante, esclarecedor y útil. Durante el tiempo en que lo escribí, he utilizado el Método de los cuatro pasos básicamente en miles de conversaciones. He prestado mucha atención a cada una de estas conversaciones, tomando notas de la manera en que se desarrollaron, y luego en revisarlas y refinar los principios y técnicas para asegurarme de que fuesen lo más prácticas, aplicables y efectivas posible. Con esto en mente, cada persona y situación es diferente, y la maestría de este talento solamente puede surgir por medio del método de ensayo y error. He trabajado durante años para desarrollar este talento y todavía me descubro a mí mismo haciendo invalidaciones, ofreciendo consejos no solicitados, etc. Cuando te descubras haciendo eso, no sufras. Solo toma nota de cómo se desarrolla. Pregúntate cómo podías haber manejado la situación de manera diferente, e intenta descubrirte en menos tiempo en la siguiente oportunidad.

Si la validación se siente forzada o extraña, experimenta con diferentes métodos, frases, etc. hasta que encuentres algo con lo que te sientas bien. Puedes (y debes) adaptar el Método de los cuatro pasos para ajustarlo a tu propia personalidad e

EPÍLOGO

interacciones. Con la práctica, descubrirás la manera de aplicar estos pasos sin esfuerzo, con naturalidad y de manera genuina.

Mientras lo intentas, me encantaría escuchar tus comentarios. ¿Qué principios han logrado el mayor impacto? ¿Qué éxitos has visto? ¿Qué consejo ofrecerías a otras personas que buscan mejorar sus habilidades de escucha y validación? Envíame un correo electrónico a michael@ihearyoubook.com y házmelo saber.

Finalmente, si estos principios han logrado un impacto positivo en tu vida, puedes dejar un comentario en Amazon.com o pasarle una copia de este libro a un amigo o miembro de tu familia. Con lo poderosos que son estos principios, todavía me sorprende ver que son muy pocas las personas que los conocen. Cuando tú y las demás personas de tu círculo saben cómo validar, todo el mundo se beneficia. Estás en mejor posición para mostrar aprecio y apoyo a tus seres queridos, y ellos, a su vez, podrán ofrecer lo mismo.

Es mi sincera esperanza que estos principios y prácticas te beneficien en tu vida al igual que lo hicieron con la mía. Pocas experiencias son más satisfactorias que sentirse verdaderamente conectado con otro ser humano con profundidad y sinceridad. Pocas conexiones son más felices que las de compartir, de manera genuina, la emoción y buena fortuna de otra persona. Y, pocas conversaciones son más gratificantes que las de darte cuenta de que estuviste presente para alguien que en verdad lo necesitaba.

Recuerda: todas las personas que conoces le tienen miedo a algo, aman algo o han perdido algo. Recuerda que todos estamos buscando amor, aprecio y conexión. Y recuerda que, sin importar la edad, el género, los antecedentes o el origen étnico, ser escuchado y entendido es uno de los mayores deseos del corazón humano.

BIBLIOGRAFÍA

[1] Gottman, John. *The Relationship Cure: A 5 Step Guide to Strengthening Your Marriage, Family, and Friendships.* Reimpresión., Harmony, 2002.

[2] Shenk, Chad E., and Alan E. Fruzzetti. "The Impact of Validating and Invalidating Responses on Emotional Reactivity." *Journal of Social and Clinical Psychology*, Vol. 30, N°. 2, 2011, pp. 163-183.

[3] Gable, Shelly L., et all. "What Do You Do When Things Go Right? The Intrapersonal and Interpersonal Benefits of Sharing Positive Events." *Journal of Personality and Social Psychology*, Vol. 87, N°. 2, 2004, pp. 228-245.

[4] "RSA Replay - The Power of Vulnerability." *YouTube*, cargado por The RSA, 4 de julio de 2013. https://www.youtube.com/watch?v=QMzBv35HbLk

[5] Billikopf, Gregorio. "Empathic Listening: Listening First Aid." *Meditate.com*, octubre de 2005. https://www.mediate.com/articles/encinaG3.cfm

[6] Cabane, Olivia Fox. *The Charisma Myth: How Anyone Can Master the Art and Science of Personal Magnetism.* 2/24/13 ed., Portfolio, 2013.

[7] Misra, Shalini et all. "The iPhone Effect: The Quality of In-Person Social Interactions in the Presence of Mobile Devices." *EDRA*, Vol. 48, edición 2, 2014, pp. 275-298.

[8] Mehrabian, Albert, and Morton Weiner. "Decoding of Inconsistent Communications." *Journal of Personality and Social Psychology*, Vol. 6, edición 1, 1967, pp. 109-114; Mehrabian, Albert, and Ferris, S.R. "Inference of Attitudes from Nonverbal Communication in Two Channels." *Journal of Consulting Psychology*, Vol. 31, edición 3, 1967, pp. 48-258.

ACERCA DEL AUTOR

Michael S. Sorensen es ejecutivo de mercadotecnia durante el día y ávido lector, investigador y fanático del desarrollo personal durante la noche. Obsesionado con descubrir los mejores principios y prácticas para vivir una vida enriquecida, satisfactoria y conectada, Michael busca y experimenta con nuevas e interesantes ideas para descubrir lo que en realidad *funciona*. Después de beneficiarse por años de mentorías por parte de entrenadores, consejeros y ejecutivos (y la sabiduría de incontables libros de autoayuda), se ha dedicado a compartir sus exploraciones, consideraciones y descubrimientos con los demás.

www.ingramcontent.com/pod-product-compliance
Lightning Source LLC
Chambersburg PA
CBHW051651040426
42446CB00009B/1085